AI와 공중보건

JN412041

AI문고

인공지능 시대입니다. 기계가 인간의 인지를 대신하고, 사물이 인간을 통하지 않고 다른 사물과 직접 커뮤니케이션합니다. 이에 따른 인간 삶과 문명 변화를 정확히 이해·예측·대응하는 것은 이 시대 우리 모두의 과제입니다. AI문고는 인공지능 기술과 환경의 여러 주제를 10가지 키워드로 정리합니다. 관련 개념과 이론, 학계와 산업계의 쟁점, 우리 일상의 변화를 다룹니다. 인간과 기술의 현재, 미래를 세심히 분석합니다.

일러두기

- 인명, 작품명, 저서명, 개념어 등은 한글과 함께 괄호 안에 해당 국가의 원어를 병기했습니다.
- 외래어 표기는 현행 어문규정의 외래어표기법을 따랐습니다.

처음이세요?
전문가세요?

지금, 큐알 찍으면
AI 입문서 바로 선물
당신만의 필독서 추천
500권 요약본 공짜
오디오북 무료 사용

AI와 공중보건

배성윤

대한민국, 서울, 커뮤니케이션북스, 2026

AI와 공중보건

지은이 배성윤
펴낸이 박영률

초판 1쇄 펴낸날 2026년 2월 24일

커뮤니케이션북스(주)
출판 등록 2007년 8월 17일 제313-2007-000166호
02880 서울시 성북구 성북로 5-11
전화(02) 7474 001, 팩스(02) 736 5047
commbooks@commbooks.com
www.commbooks.com

이 책은 커뮤니케이션북스(주)가 저작권자와 계약해 발행했습니다.
본사의 서면 허락 없이는 어떠한 형태나 수단으로도
이 책의 내용을 이용할 수 없음을 알려드립니다.

ⓒ 배성윤, 2026

ISBN 979-11-430-0891-6 03500

책값은 뒤표지에 표시되어 있습니다.

차례

인공지능, 의료와 공중보건의 미래를 만들다

불과 몇 년 전까지만 해도 인공지능(AI)은 대개 영화나 소설 속 미래 기술로 그려지곤 하였다. 영화 〈터미네이터〉의 스카이넷처럼 자율적인 의지를 가진 섬뜩한 존재로, 혹은 영화 〈그녀(HER)〉의 사만다처럼 인간의 감성을 이해하는 지극히 개인적인 비서로 말이다. '인간을 뛰어넘는 지능', '스스로 학습하고 판단하는 기계'라는 개념은 우리에게 놀라움과 함께 막연한 상상력을 선사하였다. 그저 '언젠가는 가능할 기술' 정도로 여겨졌던 것이다. 그러나 불과 몇 년 만에 그 상상이 현실로, 그것도 우리가 가장 민감하게 여기는 '생명'과 직결된 의료 현장에서 거침없이 실현되는 속도는 상상을 초월하고 있다. 인공지능의 등장은 그야말로 인류의 건강과 의료 시스템에 혁명적인 변화의 서막을 알렸다.

AI가 여는 의료 혁명, 진단과 치료의 미래

2024년, 전 세계 의료계는 하나의 연구 결과에 환호와 충격이 뒤섞인 열광을 보였다. 미국 매사추세츠 종합병원과 MIT 공동 연구팀이 개발한 인공지능 알고리즘이 폐결절을 무려 94%의 정확도로 감지해냈다는 소식은 학회는 물론 일반 대중에게까지 큰 반향을 일으켰다(Scispot, 2025). 이 수치는 수십 년간 경험을 쌓은 인간 방사선 전문의의 평균 정확도인 65%를 훌쩍 뛰어넘는 놀라운 성과였다. 이 사례는 AI가 단순한 보조 수단이 아님을 증명하였다. 미세한 병변, 놓치기 쉬운 패턴을 인간보다 빠르고 정확하게 찾아내는 AI의 진보된 역량은 의료 현장에서 진단 정확도를 비약적으로 높이는 가능성을 제시하였다. 우리는 이 순간, 의료의 미래가 AI와 함께, 또는 AI를 통해 쓰일 것이라는 확신을 가지게 되었다. AI는 단순히 과거 데이터를 분석하는 수준을 넘어, 질병을 조기에 발견하고, 치료 계획을 최적화하며, 심지어 새로운 약물을 설계하는 등 미래 의료 행위를 근본적으로 재정의할 엄청난 잠재력을 드러낸 것이다.

이처럼 AI는 더 이상 먼 미래의 기술이 아니다. 병원 문턱을 넘어서면 의료 기록을 자동으로 정리하고, 진료 일정을 최적화하며, 심지어 환자의 목소리만으로 질병의 위험성을 예측하는 등 우리의 일상과 의료 시스템 전반에 걸쳐 강력한 변화의 바람을 불어넣고 있다. 특히 보건의료와 공중보건 분야에서 AI는 단순한 기술적 보조 도구를 넘어섰다. 질병 진단, 치료법 선택, 감염병 예방 전략 수립, 그리고 복잡한 의료 시스템 관리 방식에 이르기까지, 기존에는 상상할 수 없었던 방식으로 근본적인 패러다임 전환을 가져오는 혁명의 중심에 당당히 서 있는 것이다 (Canada's Drug Agency, 2025; World Economic Forum, 2025a; U.S. Congress, 2024). AI의 이러한 변화는 의료 서비스의 질을 높일 뿐 아니라, 환자 경험을 개선하고 의료비 절감에도 기여할 것으로 기대된다.

오늘날 인류는 전례 없이 복합적인 수준의 보건의료 문제에 직면하고 있다. 전 세계적인 인구 고령화는 단순히 노인 인구의 증가를 넘어 만성 질환의 증가와 함께 의료 수요의 폭발적인 성장을 야기하고 있다(World Economic Forum, 2025b). 당뇨, 고혈압, 심혈관 질환 등 만성 질환은 지속적인 관리와 치료를 필요로 하며, 이는 의료 시스템에 막대한 부담으로 작용한다. 천문학적인 의료비 상승과 심각한 의료 인력 부족이라는 전방위적 압박을 가하고 있다. 의사, 간호사, 의료기사 등 숙련된 전문 인력의 부족은 의료 서비스의 질 저하와 환자 대기 시간 증가로 이어져, 의료 시스템 전반의 위기를 심화시키는 요인이 된다.

실제로 2030년까지 전 세계적으로 1100만 명의 보건 인력 부족이 예상된다(World Economic Forum, 2025b). 특히 이러한 인력 부족은 개발도상국이나 접근성이 낮은 농어촌 지역과 같은 의료 취약 지역에서 더욱 심각하게 나타난다. 기본적인 의료 서비스조차 받기 어려운 '의료 사각지대'가 광범위하게 존재하며, 이는 건강 불평등을 심화시키는 주요 원인이 되고 있다. 이 문제에 대한 해결책 없이는 지속 가능한 의료 시스템을 기대하기 어렵다.

이러한 상황에서 AI는 구원의 손길처럼 강력한 대안으로 부상하고 있다. AI는 원격 의료 플랫폼과 결합하여 지리적 장벽을 허물고, AI 기반 진단 지원 시스템은 전문의가 부족한 지역에서도 신속하고 정확한 진단을 가능하게 하여 의료 접근성을 획기적으로 개선한다. 이는 제한된 의료 자원을 가장 필요한 곳에 효율적으로 배분할 수 있는 희망으로 떠오르고 있는 것이다.

한편, 예측 불가능한 COVID-19 팬데믹과 같은 전 지구적인 공중보건 위협은 기존 의료 시스템의 취약성을 여실히 드러냈다. 마치 폭풍우 속 낡은 돛대처럼 위태롭게 흔들리는 우리의 대응 체계는 보다 신속하고 효율적인 방안을 절감하게 했다(Bharel et al., 2024). 팬데믹 초기, 바이러스 확산 예측의 부정확성, 진단 키트 부족,

백신 개발의 지연 등은 기존 시스템의 한계를 명확히 보여 주었다.

그러나 이 위기 속에서도 AI는 빛을 발했다. 팬데믹 초기 단계부터 질병 확산 예측 모델링, 접촉자 추적 앱 개발, 약물 재창출 및 백신 개발 가속화 등 다양한 방식으로 위기 대응에 결정적으로 기여하며 그 잠재력을 입증한 것이다. AI 기반 예측 모델은 감염병 확산 경로를 시뮬레이션하고, 잠재적 위험 지역을 식별하여 정부와 의료기관이 선제적으로 자원을 배분하고 방역 정책을 수립하는 데 중요한 통찰력을 제공하였다(U.S. Congress, 2024).

이러한 배경 속에서 AI는 진단 정확도를 혁신적으로 향상시키고, 치료 효율성을 비약적으로 증대시킨다. 나아가 복잡하고 반복적인 행정 업무를 자동화하고, 지리적 제약 없이 의료 접근성을 확대하는 등 의료 시스템 전반에 걸쳐 혁신적인 해결책을 제공할 잠재력을 가지고 있다(U.S. Congress, 2024; Blue Prism, 2024; Upskillist, 2025). 이는 미래 의료의 불확실성을 희망적인 기회로 전환할 강력한 대안으로 AI가 부상하고 있음을 의미한다(Bharel et al., 2024).

AI의 이러한 혁명적인 잠재력은 이미 여러 지표와 구체적인 사례를 통해 명확히 가시화되고 있다. 시장 조사

기관의 보고서에 따르면, 2024년 글로벌 AI 헬스케어 시장은 약 276억 9000만 달러 규모로 평가되었다(Global Growth Insights, 2024). 더욱 놀라운 것은 2032년까지 연평균 43.2%의 높은 성장률을 보이며 그 규모는 4909억 6000만 달러에 이를 것으로 예측된다는 점이다. 이 숫자는 단순한 통계를 넘어, 헬스케어 산업이 AI 기술 도입과 확산을 통해 전례 없는 변혁기를 맞이하고 있음을 명확히 보여주는 지표다. 이러한 폭발적인 성장은 기술적 호기심을 넘어선다. AI가 의료비 절감, 환자 치료 결과 개선, 그리고 의료 서비스 접근성 확대를 위한 실질적인 해법을 제공하고 있으며, 투자자와 의료 공급자 모두가 그 가치를 인정하고 있음을 의미한다.

기술의 발전은 우리의 건강관리 방식 자체를 변화시키고 있다. 이제는 손목시계처럼 익숙해진 AI 기반 웨어러블 장치의 채택이 65% 증가하면서 지속적인 환자 모니터링 및 실시간 데이터 수집이 가능해졌다(Global Growth Insights, 2024). 이는 특히 만성 질환 관리에 혁신을 가져와 응급실 방문을 30% 감소시키는 실질적인 성과로 이어졌다. 예를 들어, 고령의 만성 심장 질환 환자가 착용한 스마트 워치가 평소와 다른 심박수 패턴이나 불규칙한 리듬을 감지하면, 즉시 환자나 보호자 혹은 원격 의료팀에 알림을 보낸다. 이를 통해 심각한 응급 상황으로 발전하기 전에 적절한 개입이 가능해지는 것이다. 심박수, 혈당, 활동량, 수면 패턴 등 다양한 생체 데이터를 AI가 실시간으로 분석하여 미묘한 이상 징후를 조기에 포착하고, 환자에게 개인화된 건강 조언을 제공함으로써 불필요한 병원 방문을 줄이고 질병 악화를 선제적으로 예방하는 데 크게 기여한다. 이러한 사례들은 AI가 단순히 질병 '치료'를 보조하는 수준을 넘어, 건강을 '관리'하고 '예방'하는 패러다임 전환의 핵심 동력임을 명확히 보여 준다. AI는 환자 삶의 질을 높이고 의료 시스템의 지속 가능성을 확보하는 데 결정적인 역할을 수행하고 있는 것이다.

AI가 바꾸는 건강관리, 예방 중심 정밀 의료

이 책에서는 "인공지능, 의료와 공중보건의 미래를 만들다"라는 제목이 가지는 의미를 심도 있게 탐구해 보려 한다. AI가 어떻게 의료 및 공중보건 분야의 패러다임을 근본적으로 변화시키고, 나아가 인류의 건강이라는 거대한 난제를 해결하며 새로운 미래를 열어가는지 입체적으로 조명할 것이다. 여기서 '미래를 만들다'라는 표현은 단순히 최신 AI 기술이 의료 분야에 적용되는 것을 넘어

선다. 이는 AI가 기존 의료 시스템의 고질적인 한계를 혁신적인 방식으로 극복하고, 이전에는 상상조차 불가능했던 새로운 가치를 창출하는 과정을 의미한다. 즉, AI는 단순한 업무 효율성 증대를 넘어, 의료 서비스의 본질적인 철학과 접근 방식을 변화시키며, 궁극적으로는 더욱 건강하고 공정한 사회를 구현하는 데 결정적으로 기여할 것이다.

이러한 미래를 만드는 첫째 변화는 바로 예방 중심의 정밀 의료 시대를 활짝 여는 것이다. 과거 우리는 질병이 발생한 후에야 치료를 시작하는, 말 그대로 '소 잃고 외양간 고치는' 식의 반응적 의료 시스템에 익숙하였다. 하지만 AI는 이러한 패러다임을 송두리째 바꾼다. AI는 개인의 고유한 유전체 정보, 일상적인 생활 습관 데이터, 그리고 미세먼지 노출과 같은 환경 요인에 이르기까지, 인간의 인지 능력을 훨씬 뛰어넘는 방대한 데이터를 흡수하고 분석한다. 이를 통해 각 개인의 질병 발생 위험을 사전에 정확히 예측할 수 있게 된다. 그리고 AI는 마치 개인 맞춤형 주치의처럼, 각 개인의 생체 신호와 생활 패턴에 최적화된 맞춤형 예방 및 관리 방안을 제시하며 질병의 싹을 초기에 잘라낸다.

예를 들어, AI는 유전자 스크리닝 결과를 바탕으로 특정 암이나 만성 질환에 대한 유전적 취약성을 식별한다. 여기에 환자의 수면 패턴(수면 부족은 만성 질환 위험을 높인다), 식습관(초가공식품 섭취는 비만과 당뇨에 영향을 미친다), 운동량(활동량 부족은 심혈관 질환 위험을 높인다) 등 개인의 방대한 라이프스타일 데이터를 통합적으로 분석한다. 이를 통해 특정 질병에 대한 발병 가능성을 놀라운 정확도로 예측하고, 개인에게 가장 적합한 식단 계획, 운동 프로그램, 또는 정기 검진 일정을 제안함으로써 질병의 발생 자체를 선제적으로 예방하는 데 기여한다. 이는 의료의 본질적인 방향을 '아픈 사람을 고치는 것'에서 '애초에 아프지 않도록 돕는 것'으로 근본적으로 전환시키는 혁명적인 변화다. 궁극적으로 AI 기반 정밀 의료는 개개인의 건강 수명을 연장하고, 질병으로 인한 사회적 비용을 절감하며, 삶의 질을 비약적으로 향상시키는 데 직접적으로 기여할 것이다.

둘째, AI는 의료 서비스의 접근성과 효율성을 극대화한다. 이는 마치 거대한 물길을 트는 작업과 같다. AI는 원격 의료 및 디지털 헬스케어 플랫폼과 결합하여 물리적인 지리적 제약이라는 거대한 장벽을 허물어뜨린다. 동시에 고질적인 의료 인력 부족 문제에 대한 효과적인 해결책을 제시한다. 이제 산간벽지나 도서 지역에 거주

하는 환자들도 마치 대도시의 대형 병원에 있는 것처럼 양질의 의료 서비스를 자신의 집에서, 혹은 가까운 보건소에서 받을 수 있게 된다. 이는 의료 소외 지역 주민들에게는 혁명적인 변화이며, 의료 형평성을 크게 향상시킬 잠재력을 지닌다. AI 기반 챗봇은 환자들의 간단한 질문(예: "내 약 복용법은?", "다음 진료 예약은 언제지?")에 24시간 내내 신속하고 정확하게 응대한다. 이는 의료진의 불필요한 행정 업무 부담을 줄여주어, 의료진이 환자와의 직접적인 소통과 복잡한 진료에 더 집중할 시간을 확보할 수 있게 한다. AI 기반 진단 보조 시스템은 원격지에 있는 일반의나 비전문의도 복잡한 의료 영상(MRI, CT 등)이나 병리 슬라이드를 분석하는 데 필요한 전문적인 통찰력을 제공한다. 이는 진료 지연을 획기적으로 줄이고, 오진 가능성까지 낮춰 환자 안전을 강화하는 데 기여한다.

더 나아가 AI는 의료 시스템의 운영 효율성을 획기적으로 개선하고, 제한된 의료 자원을 보다 효과적으로 배분할 수 있게 한다. 예를 들어, 신약 개발 과정은 일반적으로 10년 이상, 수십억 달러의 비용이 소요되는 지난한 과정이다. 하지만 AI는 방대한 의학 논문, 임상 데이터, 화학 물질 정보를 분석하여 새로운 약물 후보 물질을 발굴하고, 분자 구조를 예측하며, 임상 시험 설계까지 최적화함으로써 이 천문학적인 시간과 비용을 획기적으로 줄여 신약 접근성을 높인다. 또한 의료기관의 복잡한 행정 업무, 즉 환자 등록, 보험 청구, 진료 기록 작성, 재고 관리 등을 AI가 자동화하여 의료 인력의 소진(burn-out)을 방지하고, 의료진이 오직 환자 진료와 공감에만 집중할 수 있는 진정한 인간 중심의 의료(person-centered care) 환경을 조성한다. 이는 의료 서비스의 질을 높일 뿐 아니라 의료 공급자에게도 효율적이고 지속 가능한 업무 환경을 제공하는 윈-윈(win-win) 전략이 된다.

셋째, AI는 '인간-AI 협력'을 통한 의료 역량의 증폭을 가능하게 한다. 여기서 핵심은 '대체'가 아닌 '증폭'이다. AI는 결코 인간 의료 전문가를 대체하는 '로봇 의사'나 '알고리즘 주치의'가 아니다. 오히려 그들의 뛰어난 임상적 판단력과 풍부한 경험을 보완하고 강화하는 '지능형 조력자', 즉 '코-파일럿(Co-pilot)' 역할을 수행한다. AI는 인간의 인지 능력을 훨씬 뛰어넘는 속도로 방대한 의료 데이터(환자 기록, 의학 논문, 임상 시험 결과 등)를 순식간에 분석한다. 이를 통해 인간 의료진이 놓칠 수 있는 미세한 패턴이나 미묘한 징후를 발견하고, 복잡한 의사 결정 과정에 과학적이고 객관적인 근거를 즉시 제공함으로써 의료 서비스의 질과 안전성을 동시에 향상시킨다.

예를 들어, AI는 수백만 건의 의료 영상 데이터를 학습하여 초기 단계의 미세한 암 병변을 발견하고, 이를 의료진에게 즉시 알려줌으로써 오진율을 획기적으로 낮출 수 있다. 또한 환자의 방대한 전자건강기록(EHR)을 분석하여 잠재적인 약물 상호작용이나 알레르기 반응 위험을 경고하고, 환자별로 최적화된 치료 프로토콜을 제안하기도 한다. 이는 의료진이 반복적이고 소모적인 데이터 검색이나 분석 업무에서 벗어나 환자와의 인간적인 상호작용, 즉 공감과 위로, 정서적 지지, 그리고 고차원적인 임상적 추론 및 진료에 더 많은 시간과 에너지를 할애할 수 있도록 돕는다. 궁극적으로 AI와 인간 의료진의 지혜로운 협력은 의료의 한계를 확장하고, '기술의 차가움'이 아닌 '환자 중심의 따뜻한 의료'를 실현하는 굳건한 기반이 될 것이다. AI는 의료진이 환자의 고유한 삶의 맥락과 가치관을 이해하고, 그에 맞는 최적의 치료 계획을 함께 수립하는 데 필수적인 도구가 될 것이다. 이러한 협력 모델은 의료 전문가의 역량을 극대화하고, 환자에게는 더욱 신뢰할 수 있고 인간적인 의료 경험을 제공한다.

이 책은 이러한 AI의 혁명적 가능성만을 맹목적으로

추앙하지 않는다. 그 과정에서 발생하는 복잡한 윤리적, 사회적 도전 과제 또한 균형 있게 제시함으로써, 미래 의료 환경에 대한 독자들의 이해를 더욱 폭넓고 심도 있게 확장하는 것을 목적으로 한다. AI가 가져올 혜택만큼이나 데이터 편향성, 책임 소재의 불분명함, 알고리즘의 투명성 부족, 그리고 개인정보 보호와 같은 민감한 문제들을 직시하고 해결 방안을 모색하는 것이 지속 가능한 AI 의료 발전에 필수적이기 때문이다. 급변하는 시대의 흐름 속에서 의료 기술 연구자, 임상 현장의 보건의료인, 그리고 국가적 차원의 정책 결정자 모두가 AI라는 강력한 도구를 올바르게 이해하고, 그 잠재력을 최대한 발휘하되 발생 가능한 부작용을 최소화하는 현명한 활용 방안을 모색하도록 돕는 것이 이 책의 가장 중요한 사명이다. 이를 위해 이 책은 AI의 기본 개념에 대한 명확한 정의부터 실제 의료 및 공중보건 현장에서 적용된 다채로운 사례, AI 도입이 사회 전반에 미칠 정책적 함의, 반드시 선행되어야 할 윤리적 고려사항, 그리고 장기적인 미래 전망까지, 광범위한 주제를 포괄적으로 다루는 10개의 소단원을 선정하여 독자들이 입체적인 시각을 가질 수 있도록 구성하였다.

AI 의료 혁신, 윤리와 신뢰의 경계에서

이 책에서 저자는 인공지능이 의료와 공중보건의 변화에 초래할 빛과 그림자를 균형 있게 조망해 보고자 노력했다. 각 소단원은 단순히 AI 기술을 나열하는 것을 넘어, 실제 임상 현장과 공중보건 정책 수립 과정에서의 구체적인 적용 가능성, 그리고 당면 과제를 독자들이 종합적이고 비판적인 시각으로 파악할 수 있도록 다음과 같은 명확한 기준에 따라 체계적으로 구성하였다. 이는 독자들이 AI를 단순한 기술이 아닌, 실질적인 해결책이자 동시에 신중하게 다뤄야 할 대상으로 인식하도록 돕는 데 중점을 둔다.

'1장. 인공지능과 공중보건의 만남'에서는 AI라는 거대한 흐름 속에서 우리가 반드시 알아야 할 핵심 개념(머신러닝, 딥러닝, 생성형 AI 등)을 명확히 정의하고, AI가 공중보건 분야에 처음 도입된 역사적 배경과 주요 이정표를 흥미로운 일화와 함께 다룬다. 이 장은 독자들이 AI를 이해하는 견고한 토대를 마련하며, AI가 공중보건 시스템의 변화를 이끄는 본질적인 이유를 이해하고 미래 의료의 청사진을 상상하도록 이끈다.

'2장. 데이터 기반 공중보건: AI의 활용'에서는 AI의 핵심 연료이자 21세기 금이라 불리는 '데이터'의 중요성을 강조한다. AI가 어떻게 이 방대한 양의 데이터를 수집, 정제, 분석하고 활용하여 숨겨진 패턴과 통찰력을 발견하는지 구체적인 기법을 제시한다. 이 데이터 기반 의사 결정이 질병 예측, 자원 배분, 그리고 공중보건 전략 수립에 미치는 혁신적인 영향력을 기술적 방법론과 함께 심층적으로 다룬다. 동시에 데이터의 품질 문제, 편향성, 그리고 접근성에 대한 심도 있는 논의를 통해 AI 활용의 그림자를 짚어본다.

'3장. AI를 활용한 질병 예측과 예방'부터 '6장. 생성형 AI와 공중보건'까지는 AI가 실제 의료 현장과 공중보건 실무에서 어떻게 '게임 체인저'로 활약하는지 구체적인 적용 사례를 통해 면밀히 분석한다. 3장에서는 AI가 감염병 확산 예측, 만성 질환 발병 위험 예측 등 질병의 '미래'를 어떻게 내다보고 '예방'에 기여하는지 다룬다. 웨어러블 기기 데이터와 유전체 정보의 결합을 통해 개인 맞춤형 건강관리가 어떻게 가능해지는지 탐구한다. 4장은 AI가 진단 정확도와 효율성을 어떻게 혁신하는지에 초점을 맞춘다. 의료 영상 및 병리 진단에서 AI 역할, 유전체 진단의 발전상, 그리고 AI 도입으로 인한 진료 워크플로의 최적화 방안을 상세히 설명한다. 5장에서는 전자건강기록(EHR)이라는 방대한 의료 데이터의 보고를 AI

가 어떻게 효과적으로 활용하여 공중보건 연구와 실무에 기여하는지, 특히 자연어 처리(NLP) 기술을 통한 비정형 데이터 분석의 중요성을 강조한다. 마지막으로 6장은 2022년 챗GPT 등장 이후 폭발적인 관심을 받고 있는 생성형 AI가 공중보건 커뮤니케이션, 조직 성과 개선, 그리고 정책 의사 결정에 어떻게 기여할 수 있는지 흥미로운 사례를 통해 살펴본다. 이 네 개 장은 AI 기술이 가져올 의료 서비스의 효율성, 정확성, 그리고 개인 맞춤형 서비스의 무한한 가능성을 구체적인 성과와 함께 강조하며 독자들에게 실질적인 통찰력을 제공한다.

'7장. 공중보건 정책과 전략에 AI 접목하기'부터 '9장. 윤리적 고민과 AI 기술의 한계'까지는 AI 도입이 단순히 기술적 문제를 넘어 사회 전반에 걸쳐 미치는 광범위한 영향, 특히 정책적 함의와 윤리적 도전 과제를 심도 있게 다룬다. 7장에서는 AI가 질병 감시 및 조기 경보 시스템 구축, 증거 중심 정책 결정 지원, 자원 배분 최적화, 건강 불평등 해소, 그리고 미래 팬데믹 대비 및 대응 전략에 어떻게 기여할 수 있는지 정책적 차원에서 그 잠재력을 탐구한다. 8장은 의료 데이터의 중요성이 커지는 만큼, AI를 활용한 의료 데이터 보호 및 보안 강화 방안을 구체적으로 설명하며, 블록체인 기술과의 융합, 암호화 및 비식별화 기술, 그리고 GDPR 및 HIPAA와 같은 엄격한 국제 규제 준수의 중요성을 강조한다. 마지막으로 9장은 AI 사용에 따라 필연적으로 발생하는 데이터 편향성, 책임 소재의 불분명함, 알고리즘의 투명성 부족과 같은 주요 윤리적 과제들을 비판적으로 검토하며, 데이터 부족, 환각 현상, 일반화 능력의 한계 등 AI 기술 자체의 제약사항을 분석한다. 이 세 장은 AI 기술 발전의 밝은 면만 보는 것이 아니라, 책임 있는 AI 사용의 필요성과 기술 발전과 사회적 합의의 균형점을 모색하는 중요한 질문을 던진다.

마지막으로 '10장. 인공지능이 이끄는 의료 혁신의 미래'에서는 앞선 아홉 개 장에서 논의한 모든 기술적 발전, 실제 적용 사례, 정책적 함의, 그리고 윤리적 고려사항을 바탕으로 AI가 만들어갈 미래 의료 시스템의 총체적인 청사진을 제시한다. 이 장에서는 예방 중심 의료 및 개인 맞춤형 의료를 향한 심화 발전, 원격 의료 및 디지털 헬스케어의 국경 없는 확장, 그리고 AI 시대에 변화하는 의료진의 역할과 그럼에도 불구하고 변치 않는 인간 중심 진료의 중요성을 강조한다. 또한 AI가 글로벌 보건 문제 해결에 어떻게 장기적으로 기여하며 인류 전체의 건강과 복지를 향상시킬 수 있을지 거시적인 관점에서

조망한다.

이 책은 단순한 정보의 나열을 넘어, 독자들에게 가장 신뢰할 수 있고 현대적인 통찰력을 제공하고자 학술적 엄밀성을 최우선 가치로 두었다. 이를 위해 최신 학술논문, 전 세계 정부 및 공신력 있는 기관의 보고서를 우선적으로 활용하였다. 특히, 세계보건기구(WHO)의 2024년 AI 윤리 및 거버넌스 지침은 AI 기술이 인류의 건강에 미치는 광범위한 영향을 윤리적 관점에서 심도 있게 다루는 핵심 자료로 활용하였다(World Health Organization, 2024). 또한 미국 질병통제예방센터(CDC)의 2025년 공중보건 데이터 전략은 공중보건 분야에서 데이터 기반 의사 결정의 중요성과 AI의 역할에 대한 실질적인 방향성을 제시하는 데 참고하였다(U.S. Centers for Disease Control and Prevention, 2025).

나아가 맥킨지, 딜로이트, 세계경제포럼 등 세계 유수의 컨설팅 기관들이 발행한 최신 보고서는 AI 헬스케어 시장의 최신 동향, 기술 발전 로드맵, 그리고 정책적 함의를 이해하는 데 필수적인 귀중한 자료가 되었다. 이러한 엄선된 최신 자료들을 바탕으로, 독자들이 변화하는 의료 환경 속에서 AI가 가져올 무한한 기회와 동시에 직면해야 할 복잡한 도전 과제를 균형 잡힌 시각으로 살펴보고, 미래 의료 혁신의 방향을 스스로 이해하며 나아가는 데 실질적인 도움을 얻을 수 있기를 기대한다. 이 책이 의료 현장에서의 실질적인 의사 결정, 정책 수립, 그리고 연구 방향 설정에 작은 영감을 불어넣고, 여러분의 지적 여정에 작은 등불이 되기를 진심으로 바란다.

참고문헌

Bharel, M. et al.(2024). Transforming public health practice with generative artificial intelligence. *Health Affairs, 43*(6), pp.776~782.

Blue Prism(2025). The future of AI in healthcare. https://www.blueprism.com/resources/blog/the-future-of-ai-in-healthcare/

Canada's Drug Agency(2025). 2025 Watch List: Artificial Intelligence in Health Care. *Canadian Journal of Health Technologies, 5*(3), pp.1~55.

CHIME Central(2025). Generative AI Revolution.

Global Growth Insights(2024). Healthcare Artificial Intelligence Market.

HealthTech Magazine(2025). Overview: 2025 AI Trends in Healthcare. HealthTech Magazine.

Scispot(2025). AI Diagnostics: Revolutionizing Medical Diagnosis in 2025. Scispot.

U.S. Centers For Disease Control And Prevention(2025). Public Health Data Strategy. https://www.cdc.gov/public-health-data-strategy/php/

U.S. Congress(2024). Artificial Intelligence (AI) in Health Care.
Upskillist(2025). Top AI Agents Use Case for Healthcare in 2025. Upskillist.
World Economic Forum(2025a). 7 ways AI is transforming health.
World Economic Forum(2025b). The Future of AI-Enabled Health: Leading the Way. White Paper.
World Health Organization(2024). Ethics and governance of artificial intelligence for health: Guidance on large multi-modal models.

01
인공지능과 공중보건의 만남

인공지능(AI)은 머신러닝, 딥러닝, 생성형 AI 등 다양한 기술로 의료와 공중보건에 혁신을 일으키고 있다. AI는 진단 · 예측 · 맞춤형 치료 등에서 효율성과 정확성을 높이며, 데이터 기반 의사 결정과 질병 예방에도 핵심 역할을 한다.

기후 위기와 인공지능?

상상해 보라. 당신의 건강을 24시간 감시하며, 질병의 징후를 누구보다 먼저 알아채는 보이지 않는 주치의가 있다면 어떨까? 또는 복잡한 의료 기록 속에서 단 몇 초 만에 핵심 정보를 찾아내고, 팬데믹의 다음 행보를 예측하는 시스템이 존재한다면? 이 모든 것이 더 이상 미래의 이야기가 아니다. 인공지능은 이미 우리 삶 깊숙이 스며들어, 특히 공중보건 분야에서 놀라운 마법을 부리고 있다. 이제 그 마법이 어떻게 시작되었고 어떤 원리로 작동하며, 우리의 건강을 어떻게 변화시키고 있는지 살펴보자.

인공지능, 머신러닝, 딥러닝, 생성형 AI

인공지능(AI)은 컴퓨터 시스템이 인간의 지능적 기능을 모방하여 학습, 문제 해결, 의사 결정, 그리고 창의적 활동을 수행할 수 있도록 하는 기술을 포괄하는 광범위한 개념이다(IBM, 2024; Olawade et al., 2023). AI는 특정 목표를 달성하기 위해 예측, 권고, 또는 결정을 내릴 수 있는 기계 기반 시스템으로 정의될 수 있으며, 실제 및 가상 환경을 인지하고, 분석을 통해 모델을 추상화하며, 모델 추론을 사용하여 정보나 행동 옵션을 도출한다(Bharel et al., 2024).

AI의 핵심적인 하위 분야 중 하나인 “머신러닝(ML)”은 알고리즘을 데이터에 훈련시켜 예측이나 결정을 내리는 모델을 생성하는 기술이다(IBM, 2024). 머신러닝은 명시적인 프로그래밍 없이도 데이터로부터 학습하고 추론하는 능력을 포함하며(Bharel et al., 2024), 의료 분야에서는 방대한 의료 데이터를 스스로 학습하고 분석하여 질병 예측 및 맞춤형 치료와 같은 혁신적인 서비스를 제공하는 데 활용된다(KPMG, 2024).

“딥러닝(DL)”은 머신러닝의 특화된 형태로, 인간 뇌의 복잡한 의사 결정 능력을 모방하는 다층 신경망(딥 신경망)을 사용한다(IBM, 2024; 윤덕용, 2019). 딥러닝은 비정형 데이터를 포함한 대량의 데이터를 빠르고 정확하게 분석하여 복잡한 패턴과 관계를 식별하는 데 특히 적합하며, 이는 의료 영상 분석 등에서 탁월한 성능을 발휘한다(윤덕용, 2019).

최근 각광받는 “생성형 AI(Gen AI)”는 딥러닝 모델의 일종으로, 텍스트, 이미지, 오디오, 비디오 등 복잡하고 독창적인 콘텐츠를 사용자의 요청에 따라 생성할 수 있는 능력을 지닌다(Bharel et al., 2024). 2024년 헬스케어 AI 연구 동향을 살펴보면, 대규모 언어 모델(LLM)과 AI General 카테고리 모델이 딥러닝 모델의 활용도를 추월

하는 경향을 보였으며, 이는 텍스트 기반 데이터 활용을 통한 의료 교육 및 행정 업무 처리에서 새로운 잠재력을 열고 있음을 시사한다(Awasthi et al., 2025). 대규모 언어 모델(LLM)은 언어 기반 작업에 중점을 둔 생성형 AI의 한 유형으로, 방대한 양의 텍스트로 훈련되어 그럴듯한 언어를 생성하고, 요약하며, 질문에 답하거나 텍스트 분류를 수행하는 데 사용될 수 있다(Bharel et al., 2024).

인공지능이 공중보건에 도입된 역사적 배경과 주요 이정표

인공지능이라는 용어는 1955년 다트머스 대학 회의에서 처음 제안되었으며(Bharel et al., 2024), 의료 분야에 AI가 적용된 것은 1970년대 초 혈액 감염 치료를 돕는 MYCIN 프로그램 개발과 함께 본격적으로 시작되었다(Shortliffe, 1976). MYCIN은 스탠퍼드 대학교에서 개발된 초기 인공지능 기반 전문가 시스템으로, 주로 박테리아 감염 진단 및 항생제 추천을 지원하기 위해 만들어졌다. MYCIN의 개발은 1972년 시작되어 약 5~6년간 진행되었으며, 인공지능이 의료 분야에 본격적으로 적용된 대표적인 사례로 평가받고 있다.

사실 1971년에 환자 증상에 기반한 임상 진단을 제공하는 최초의 인공 의료 컨설턴트인 INTERNIST-1이 개발되었는데, 이 시스템은 의료 제공자의 진단 부담을 줄이는 데 기여했다(Miller, 2010).

1973년 스탠포드 대학교에서 시작된 SUMEX-AIM 프로젝트는 1973년부터 1992년까지 미국 국립보건원(NIH)의 지원을 받아 스탠포드 대학교에서 운영된 의료 AI 연구를 위한 컴퓨터 자원 및 네트워크 협력 플랫폼으로, AI 연구자들 간의 협력적 네트워킹을 촉진하고, 초기 의료 AI 애플리케이션 개발의 기반을 마련하는 데 중요한 역할을 했다(Rindfleisch, n.d.). ARPANET을 통한 네트워크 기반 협업과 컴퓨팅 자원 공유를 가능하게 하였으며, 다수의 AI 관련 스타트업 창업에도 기여했다.

1960년대부터 시작된 AI 연구의 초기 목표는 인간의 지능을 모방하는 시스템을 만드는 것이었다(Olawade et al., 2023). 초기 AI 애플리케이션은 인간 전문가의 지식을 활용하여 의료 진단 및 치료 계획에 대한 의사 결정 지원을 제공하는 전문가 시스템에 중점을 두었다.

1970년대와 1980년대에는 전문가 시스템이 의료 AI 연구의 주류를 이루었으나, 당시의 제한적인 컴퓨터 성능, 정교하지 못한 알고리즘, 그리고 AI 시스템 훈련에 필요한 데이터 부족으로 인해 광범위한 임상 현장 적용에는 한계가 있었다. 그러나 2000년대 초반에 들어서면서 딥러닝 기술의 비약적인 발전은 AI의 활용도를 크게 증대시키는 전환점이 되었다(Olawade et al., 2023). 2011년 IBM 왓슨(Watson)이 퀴즈쇼 '제퍼디'에서 인간 챔피언을 능가하는 성과를 보이며 복잡한 언어 처리 및 정보 검색 능력을 입증한 것은 의료 분야에서의 AI 적용 가능성을 다시 한번 부각시키는 계기가 되었다. 왓슨은 이후 의료 분야에서 암 치료 권고(예: Watson for Oncology), 신약 개발 지원(예: Watson for Drug Discovery) 등 다양한 응용 사례를 창출하며 AI의 실질적인 가치를 증명하기 시작했다(Wikipedia, 2024).

공중보건 분야에서 AI의 광범위한 활용은 최근, 특히 COVID-19 팬데믹 이후에 시작되었다. 팬데믹 기간 동안 AI는 COVID-19 확산 예측, 접촉자 추적, 약물 감시, 신속한 검사 및 탐지에 필수적인 역할을 수행했다(Olawade et al., 2023).

초기 AI 적용 사례와 그 전반적인 영향력

AI는 이미 의료 현장에서 다양한 방식으로 활용되며 그 영향력을 입증하고 있다. AI 기술은 의사의 골절 진단 정확도를 높이고, 환자 분류(triage)를 지원하며, 질병의 초기 징후를 감지하는 데 기여하고 있다(World Economic Forum, 2025). 예를 들어 뇌졸중 환자의 뇌 스캔 해석에서 AI는 전문가보다 두 배 더 정확한 결과를 보여 주었으며, 응급실 의사가 놓칠 수 있는 골절(최대 10%의 경우)을 AI가 초기 X-레이 스캔에서 감지하여 불필요한 검사를 줄이고 진단 오류를 예방하는 데 도움을 줄 수 있다. 또한 AI는 1000가지 이상의 질병에 대한 초기 징후를 감지할 수 있는 능력을 보여 주며, 이는 질병의 조기 진단 및 예방에 중요한 역할을 한다.

공중보건 분야에서 비생성형 AI(nongenerative AI)의 활용 사례로는 컴퓨터 비전 모델이 공중보건 연구에 기여하고 감염병 발생 탐지에 정보를 제공하는 것 등이 있다(Bharel et al., 2024). 예를 들어, 컴퓨터 비전 모델은 항공 이미지를 사용하여 레지오넬라병(Legionnaires' disease) 발생 조사를 돕기 위해 냉각탑을 식별하는 데 사용되었다. 자연어 처리(NLP)는 다양한 보고서에서 비정형 텍스트를 추출하여 감시 시스템을 강화하고, 질병 예방 전략에 정보를 제공하며, 건강 증진을 지원하는 데 사용되었다(Bharel et al., 2024). 연구자들은 인플루엔자 증상과 관련된 트위터 게시물과 전통적인 감시 시스템이 식별한 인플루엔자 유사 질환 사이에 높은 상관관계를 발견하기도 했다(Bharel et al., 2024). AI는 질병 진단, 감염병 예측, 신약 표적 발견, 의료 영상 해석, 신약 개발 및 전달에 적용되었다(Olawade et al., 2023). COVID-19 팬데믹 기간 동안 AI는 COVID-19 확산 예측, 접촉자 추적, 약물 감시, 신속한 검사 및 탐지에 필수적인 역할을 수행했다(Olawade et al., 2023). AI 기반 COVID-19 완화 조치에는 CT 이미지 기반 컴퓨터 보조 진단, 접촉자 추적 인터뷰 양식에서 COVID-19 발생 식별, 마스크 착용자 얼굴 인식 감시, 소셜 미디어 기업을 통한 잘못된 정보 통제, 자동화된 COVID-19 스크리닝, 약물 재활용 및 제형 개발, COVID-19 중증도 예측, COVID-19 확산 예측, COVID-19 백신 접종 약물 감시, 그리고 Blue Dot 및 HealthMap을 이용한 감시 등이 포함된다(Olawade et al., 2023).

의료기관의 AI 활용은 헬스케어 변혁을 가속화하는 핵심 동력으로 작용하고 있다(Choubey et al., 2024). 2025년에는 에이전트형 의료 지원, 지능형 임상 코딩, 확장성 및 클라우드 기반 생성형 AI, 의료 인력 부족 문제 해결, 그리고 개인 맞춤형 의료가 AI 헬스케어의 주요 트렌드가 될 것으로 전망된다(Blue Prism, 2025). 이러한 트렌드는 AI가 단순한 보조 도구를 넘어 의료 현장의 효율성을 높이고 환자 경험을 개선하는 핵심적인 역할을 수행할 것임을 시사한다.

AI는 방대한 양의 데이터를 정확하고 효율적으로 처리하여 의사 결정자에게 중요한 통찰력을 제공하며, 이는 의료 서비스의 질을 향상시키고 의료 시스템의 전반적인 효율성을 증대시키는 데 기여한다. AI는 또한 의료 서비스의 효과성, 정확성, 확장성을 높이고 인간 분석가가 놓칠 수 있는 새로운 통찰력과 패턴을 찾는 데 도움을 줄 수 있다(Olawade et al., 2023).

참고문헌

삼정KPMG 경제연구원(2024). "AI로 촉발된 헬스케어 산업의 대전환". 《삼정Insight》, 89.

윤덕용(2019). "보건의료 분야에서의 인공지능과 기계학습 활용 및 전망". 건강보험심사평가원(HIRA).

Awasthi, R. et al.(2025). Artificial Intelligence in Healthcare: 2024 Year in Review. medRxiv. https://doi.org/10.1101/2025.02.26.25322978

Bharel, M. et al.(2024). Transforming public health practice with generative artificial intelligence. *Health Affairs, 43*(6), pp.776~782.

Blue Prism(2025). The future of AI in healthcare. https://www.blueprism.com/resources/blog/the-future-of-ai-in-healthcare/

Choubey, A. et al.(2024). Healthcare Transformation: Artificial Intelligence Is the Dire Imperative of the Day. *Cureus, 16*(6),

e62652. https://doi.org/10.7759/cureus.62652
IBM(2024). What Is Artificial Intelligence(AI)?. https://www.ibm.com/think/topics/artificial-intelligence
Miller, R. A.(2010). A history of the INTERNIST-1 and Quick Medical Reference (QMR) computer-assisted diagnosis projects, with lessons learned. *IMIA Yearbook of Medical Informatics*, pp.121~136.
Olawade, D. B. et al.(2023). Using artificial intelligence to improve public health: a narrative review. *Front Public Health, 11*, 1196397.
Rindfleisch, T. C.(n.d.). SUMEX-AIM Resource(1973-1992). The Center for Research on Computation and Society. https://www.tcracs.org/tcrwp/1about/1biosketch/1sumex-aim/
Shortliffe, E. H.(1976). MYCIN: A Rule-Based Computer Program for Advising Physicians Regarding Antimicrobial Therapy Selection. Stanford University.
Wikipedia. IBM Watson. https://en.wikipedia.org/wiki/IBM_Watson
World Economic Forum(2025). The Future of AI-Enabled Health: Leading the Way. White Paper.

02
데이터 기반 공중보건: AI의 활용

빅데이터와 AI는 방대한 의료 데이터를 분석해 질병 예측, 조기 진단, 맞춤형 치료, 감염병 확산 예측 등 공중보건 혁신을 이끈다. 데이터 품질과 편향, 개인정보 보호 등 윤리적 · 제도적 과제 해결이 병행될 때 효과가 극대화될 것이다.

노래하는 AI 보컬?

'21세기의 황금'이라 불리는 데이터는 인공지능이라는 강력한 엔진을 만나 비로소 그 진정한 가치를 발휘하고 있다. 이제 AI가 어떻게 데이터라는 연료를 활용하여 공중보건의 새로운 지평을 열고 있는지 함께 탐구해 보자.

빅데이터와 AI를 활용한 공중보건 분석과 예측 기법

인공지능은 방대한 양의 의료 데이터를 스스로 학습하고 분석하여 헬스케어 서비스에 적용함으로써 질병 예측과 개인 맞춤형 치료 등 혁신적인 고부가가치를 제공한다(삼정KPMG 경제연구원, 2024). AI 기반 예측 분석은 대규모 데이터 세트를 분석하고, 질병 위험 요인을 식별하며, 패턴을 감지하고, 발병을 예측하는 데 사용될 수 있다(Olabiyi, et al., 2025). 이러한 능력은 공중보건 분야에서 질병 감시, 건강 서비스 제공, 의료 연구를 혁신할 잠재력을 지닌다(Hattab, 2025). 이는 전통적인 통계적 방법론의 한계를 뛰어넘어, 복잡한 비정형 데이터를 포함한 다양한 형태의 정보를 효과적으로 처리하고 분석할 수 있는 AI의 고유한 역량에서 비롯된다.

예측 모델링은 통계 모델과 머신러닝 기술을 결합하여 데이터를 분석하고 미래 결과를 예측한다(Olawade et al., 2023). 공중보건 분야에서 예측 모델링은 COVID-19 및 인플루엔자와 같은 감염병의 확산을 예측하는 데 광범위하게 사용되었다(Olawade et al., 2023). 예측 모델은 이전 유행병 데이터, 인구 통계학적 특성, 기상 패턴, 심지어 소셜 미디어 활동과 같은 다양한 관련 요소를 분석하여 공중보건 조치를 안내할 수 있는 미묘한 패턴과 추세를 식별한다(Olawade et al., 2023). AI는 데이터의 복잡성을 처리하고, 인간의 인지 능력으로는 식별하기 어려운 복합적인 패턴을 발견하며, 높은 정확도로 예측을 수행함으로써 공중보건 의사 결정의 정확성, 효율성 및 실행 가능한 통찰력을 비약적으로 향상시킨다.

특히 감염병 모델링에서 AI는 데이터 처리 및 분석의 속도와 효율성을 비약적으로 향상시킨다. AI는 전자건강기록, 실시간 감시 데이터, 환경 요인(예: 기후 변화), 심지어 여행 데이터와 같은 다양한 데이터 소스를 통합하여 더욱 포괄적이고 정확한 역학 모델을 생성한다. 이를 통해 질병의 중증도, 전파력, 잠복기 등 핵심적인 역학적 질문에 대한 돌파구를 가속화할 수 있으며, 다양한 개입 시나리오(예: 백신 접종률 변화, 사회적 거리두기 강화)가 질병 확산에 미치는 영향을 시뮬레이션하여 최적의 공중보건 전략 수립을 지원한다(Roeder et al., 2025; Kramer et al., 2025).

우리나라의 경우 2024년에 건강보험심사평가원 주최로 "보건의료 빅데이터 미래 포럼"이 개최되어 AI 기반 보건의료 영상 데이터 구축 및 활용 성과를 공유하고, 이를 통해 데이터 활용 고도화 방안을 마련하는 논의가 이루어졌다(건강보험심사평가원, 2024). 2025년에는 인공지능과 자동화가 중요한 기술 트렌드로 자리매김할 것으로 예상되며, 매사추세츠공과대학(MIT)처럼 딥러닝의 기본 원리와 최신 동향을 이해하고 미래 기술 발전 방향을 예측하는 연구와 다양한 강의가 활발히 진행될 전망이다(MIT, 2025).

AI는 또한 의료 영상 분석에서 탁월한 능력을 보여 준다. AI 알고리즘은 컨볼루션 신경망(CNN)과 같은 딥러닝 모델을 활용하여 폐, 심장, 뇌혈관에서 발생하는 다양한 병변을 식별하거나 암과 같은 질병을 예측할 수 있다. 나아가 위 내시경, 대장 내시경, 초음파 영상까지 실시간으로 분석하여 미세한 이상 소견을 검출하거나, 의료진에게 관찰에 유리한 뷰를 안내하기도 한다. 이러한 기술은 의료진의 진단 정확도를 높이고, 판독 시간을 단축하며, 궁극적으로 업무 효율성을 향상시키는 데 필수적인 역할을 수행한다(Coreline Soft, 2025a). 나아가 AI는 신약 개발 및 약물 재창출 분야에서도 혁신적인 고부가가치를 창출한다. 방대한 화합물 데이터베이스를 분석하고 잠재적인 약물 후보 물질을 식별하여 개발 기간과 비용을 획기적으로 단축할 수 있다(Coreline Soft, 2025b).

데이터 중심의 의사 결정 및 전략 수립 방법론

AI는 방대한 양의 데이터를 정확하고 효율적으로 처리하는 데 능숙하며, 이를 통해 의사 결정자에게 중요한 정보를 제공하고 통찰력을 제시할 수 있다(Blue Prism, 2025). 이러한 정보와 통찰력은 특정 환자 집단의 질병 위험도, 의료 자원 수요 예측, 공중보건 개입의 예상 효과 분석 등 다양하다. 의료 분야에서 AI는 단순한 의사 결정 지원 도구를 넘어선다. 임상 인프라에 깊이 내재되어 진단 및 위험 예측부터 워크플로 최적화 및 실시간 환자 통찰력에 이르기까지 광범위한 영역에 영향을 미친다(HIMSS, 2025). 이는 의료 기록의 자동 요약, 환자 분류 시스템 고도화, 수술 스케줄링 최적화 등으로 나타난다. 이러한 변화는 의료 시스템이 과거의 '데이터는 풍부하지만 통찰력은 부족한' 상태에서 벗어나 데이터 기반의 과학적이고 전략적인 의사 결정을 가능하게 한다.

세계경제포럼(WEF)의 보고서는 AI가 의료 서비스 제공 방식과 접근 방식을 근본적으로 재고해야 할 필요성을 강조하면서 AI가 의료진의 역량을 강화하고 환자가 자신의 건강을 더 잘 통제할 수 있도록 돕는다고 언급했다(World Economic Forum, 2024). 이는 AI가 반복적인 행정 업무를 자동화하여 의료진이 환자 상담 및 치료에 더 집중할 수 있도록 하거나, 환자 개개인에게 맞춤형 건강 정보를 제공하는 플랫폼을 구축함으로써 가능하다. 이러한 AI의 활용은 의료 시스템의 효율성을 높일 뿐만 아니라, 환자 중심의 의료를 구현하고 환자 참여를 증진하는 데 중요한 역할을 한다.

미국 질병통제예방센터(CDC)는 2025~2026년 공중보건 데이터 전략(PHDS)을 통해 데이터 수집, 교환 및 활용을 강화하고, One CDC Data Platform(1CDP) 등 통합 데이터 플랫폼을 도입하여 데이터 표준화와 상호운용성을 촉진하고 있다. CDC 관계자는 "표준 설정과 데이터 상호운용성 증진이 의료 제공자와 공중보건 당국 간 데이터 공유를 용이하게 하여, 공중보건 위협에 대한 신속한 대응을 가능하게 한다"고 밝혔다(U.S. Centers for Disease Control and Prevention, 2025a; U.S. Centers for Disease Control and Prevention, 2025b). 이 전략은 공중보건 위협에 대한 신속하고 효율적인 대응을 위해 데이터 표준화와 상호운용성, 자동화, AI의 책임감 있는 활용을 증진하는 데 중점을 두고 있다(GovCIO Media & Research, 2025). 데이터 표준화는 다양한 의료 시스템 간의 데이터 통합을 용이하게 하여, AI 모델이 더욱 광범위하고 대표성 있는 데이터로 훈련될 수 있는 기반을 마련한다. 이를 통해 공중보건 기관은 데이터를 기반으로 한 정보에 입각한 의사 결정을 내리고, 자원 배분을 최적화하며, 정책의 효과를 시뮬레이션하고 평가함으로써 공중보건 개입의 효과를 극대화할 수 있게 된다(Canada's Drug Agency, 2025; HIMSS, 2025; University of Maryland School of Medicine, 2025). 이러한 전략적 접근은 공중보건 위기 상황에서 신속하고 효과적인 대응을 가능하게 한다.

데이터 기반 AI 활용의 주요 고려사항

AI 시스템이 정확한 예측을 하고 공중보건 문제를 공평하게 해결하려면 고품질의 편향되지 않은 데이터가 필수적이다(Hattab, 2025). 여기서 '고품질' 데이터는 단순히 양적인 풍부함을 넘어 데이터의 완전성, 정확성, 일관성, 그리고 대표성을 의미한다. 데이터의 양은 급증하고 있지만, 보건의료 분야에서 AI 모델 학습에 필요한 충분한 양질의 데이터가 수집되고 있는지에 대한 심도 있는 고민이 필요하다. 데이터의 품질 문제, 시스템 간의 호환성 문제, 그리고 특정 인구 집단에 대한 데이터 격차(예: 소수 민족과 저소득층의 건강 데이터 부족) 등은 AI 개발 및 구현을 방해하는 중요한 장벽으로 작용하며, AI 모델의 성능과 공정성에 직접적인 영향을 미친다(Hattab, 2025).

AI 모델은 기존 데이터로 훈련되어 결과를 예측하므로, 훈련 데이터의 대표성과 정확성이 매우 중요하다. AI 모델에 편향된 데이터가 사용될 경우, 부정확하거나 불공정한 결과를 초래할 수 있다. 예를 들어, 특정 인종이나 성별에 대한 데이터가 부족하거나 불균형할 경우, 해당 집단에 대한 질병 진단 도구가 오작동하거나 치료 권고가 부적절해질 수 있다. 이는 특히 소외 계층에 대한 의료 불평등을 심화시킬 위험이 있으며, 궁극적으로 공중보건 목표 달성을 저해할 수 있다(Olawade et al., 2023; Crowell Health Solutions, 2025; Brookings Institution, 2024; 국회도서관, 2024). 2024년 하버드 비즈니스 리뷰 분석 서비스 연구에 따르면, 기업의 데이터 분석 업무 담당자 49%가 '데이터 품질 개선 및 정화'에, 41%가 '데이터 거버넌스 정책 및 표준 강화'에 주력하고 있다고 밝혔는데,

이는 AI 활용의 효과성과 윤리성을 확보하기 위한 데이터 품질 관리의 중요성을 시사한다(Harvard Business Review Analytic Services, 2024).

또한 의료 데이터의 접근성 문제도 중요한 고려사항이다. AI의 잠재력을 최대한 활용하기 위해서는 데이터 공유 및 상호운용성이 필수적이지만, 민감한 환자 정보 보호를 위한 규제적 제약(예: HIPAA, GDPR)과 기술적 문제(예: 데이터 사일로, 레거시 시스템)가 존재한다. 참고로 HIPAA(Health Insurance Portability and Accountability Act, 건강보험 이동성과 책임에 관한 법률)는 1996년 미국에서 제정된 연방법으로 환자의 건강정보를 안전하게 관리하고, 의료기관과 보험사 등 관련 기관이 개인정보를 적절히 처리하도록 규정하고 있다. GDPR(General Data Protection Regulation, 일반 데이터 보호 규정)는 2016년 유럽연합(EU)에서 채택되어 2018년부터 시행된 개인정보 보호법이다. 이러한 문제들을 해결하기 위해서는 포괄적인 '데이터 거버넌스' 체계 구축이 요구된다(GovCIO Media & Research, 2025). 이는 데이터 수집, 저장, 처리, 공유 전반에 걸친 명확한 정책, 역할 및 책임, 그리고 감사 메커니즘을 포함한다. 더불어 '데이터 표준화'[예: FHIR(Fast Healthcare Interoperability Resources, HL7에서 개발한 의료 정보의 전자적 교환을 위한 국제 표준)]는 다양한 시스템 간의 데이터 교환을 용이하게 하며, '개인정보 보호 기술'[예: 비식별화, 동형암호, 연합 학습(Federated Learning), 보안 다자간 계산(Secure Multi-Party Computation, SMPC)]의 발전은 환자 정보의 민감성을 유지하면서도 데이터의 활용도를 높이는 데 필수적이다. 이러한 노력들이 병행될 때 비로소 AI는 공중보건 분야에서 진정한 잠재력을 발휘할 수 있을 것이다.

참고문헌

건강보험심사평가원(2024). "2024년 보건의료 빅데이터 미래포럼 개최 안내". 건강보험심사평가원 빅데이터전략부.

국회도서관(2024). "보건의료 분야 인공지능 활용과 입법전략".

삼정KPMG 경제연구원(2024). "AI로 촉발된 헬스케어 산업의 대전환". 《삼정Insight》, 89.

Blue Prism(2025). The future of AI in healthcare. https://www.blueprism.com/resources/blog/the-future-of-ai-in-healthcare/

Brookings Institution(2025). Health and AI: Advancing responsible and ethical AI for all communities. https://www.brookings.edu/articles/health-and-ai-advancing-responsible-and-ethical-ai-for-all-communities/

Canada's Drug Agency(2025). 2025 Watch List: Artificial Intelligence in Health Care. *Canadian Journal of Health*

Technologies, 5(3), pp.1~55.
Coreline Soft(2025a.2.21). Coreline Soft Leads AI Medical Imaging Innovation at STR 2025. PR Newswire.
Coreline Soft(2025b.2.13). Coreline Soft to Showcase AI-Powered Solutions at 15th Annual Ottawa Radiology Review Course 2025. Newswire.
Crowell Health Solutions(2025). House Task Force on AI Issues Report and Proposes Healthcare Recommendations. Crowell Health Solutions Blog. https://www.crowellhealthsolutionsblog.com/2025/01/house-task-force-on-ai-issues-report-and-proposes-healthcare-recommendations/
GovCIO Media & Research(2025.3.26). CDC Advances Data Strategy to Speed Public Health Response. GovCIO Media & Research.
Harvard Business Review Analytic Services(2024). Scaling Generative AI for Value: Data Leader Agenda for 2025.
Hattab, G.(2025). The Way Forward to Embrace Artificial Intelligence in Public Health. *American Journal of Public Health, 115*(2), pp.123~130. https://doi.org/10.2105/AJPH.2024.307888
HIMSS(2025.5.22). How AI is Reshaping Clinical Decision-Making in 2025. HIMSS Conference Insights.
Kramer, M. et al.(2025). Artificial intelligence for modelling infectious disease epidemics. *Nature, 638*, pp.623~635. https://doi.org/10.1038/s41586-024-08564-w
MIT(2025). MIT Introduction to Deep Learning. https://introtodeeplearning.com/
Olabiyi, W. et al.(2025). Predictive Analytics for Disease

Outbreaks: Using AI to analyze patterns in health data for early detection of outbreaks. *ResearchGate.* https://www.researchgate.net/publication/392267665_Predictive_Analytics_for_Disease_Outbreaks_Using_AI_to_analyze_patterns_in_health_data_for_early_detection_of_outbreaks

Olawade, D. B. et al.(2023). Using artificial intelligence to improve public health: a narrative review. *Frontiers in Public Health, 11*, 1196397. https://doi.org/10.3389/fpubh.2023.1196397

Roeder, A.(2025). Harnessing AI to model infectious disease epidemics. Harvard T.H. Chan School of Public Health News. https://hsph.harvard.edu/news/harnessing-ai-to-model-infectious-disease-epidemics/

University of Maryland School of Medicine(2025). While AI could be the game changer in predicting health outcomes, it should not be the only method. https://www.medschool.umaryland.edu/news/2025/while-ai-could-be-the-game-changer-in-predicting-health-outcomes-it-should-not-be-the-only-method.html

U.S. Centers for Disease Control and Prevention(2025a). Public Health Data Strategy Milestones for 2025 and 2026. https://www.cdc.gov/public-health-data-strategy/php/about/phds-milestones-2025-and-2026.html

U.S. Centers for Disease Control and Prevention(2025b). The Public Health Data Strategy. https://www.cdc.gov/public-health-data-strategy/php/index.html

World Economic Forum(2024). Transforming Healthcare: Navigating Digital Health with a Value-Driven Approach.

03
AI를 활용한 질병 예측과 예방

AI는 방대한 데이터를 분석해 감염병과 만성질환의 발생을 예측하고, 개인 맞춤형 예방과 관리 전략을 제시하며, 웨어러블 · 유전체 데이터로 정밀 의료를 실현한다. 또한 신약과 백신 개발을 가속화해 질병 대응의 새로운 시대를 연다.

인공지능과 편향?

미래를 예측하는 것은 언제나 인류의 오랜 염원이었다. 특히 질병의 그림자가 드리울 때, 우리는 그 그림자를 미리 알아채고 피할 수 있기를 간절히 바란다. 이제 인공지능이 그 염원을 현실로 만들고 있다. AI는 방대한 데이터를 분석하여 질병의 발생을 예측하고, 개인에게 맞춤화된 예방 전략을 제시하며, 심지어 신약 개발의 속도까지 높이고 있다. 이 장에서는 AI가 어떻게 질병 예측과 예방의 새로운 시대를 열고 있는지 살펴보고자 한다.

인공지능을 통한 감염병 발생 예측 및 예방 기술

인공지능은 감염병 예측과 통제에 필수적인 도구로 부상하고 있다. AI는 방대한 복합 데이터를 신속히 처리하며, 인간 인지 한계를 넘어서는 정교한 패턴을 인식하는 독보적 역량을 지닌다. 이를 통해 AI는 고급 예측 모델링과 실시간 데이터 분석을 활용하여 질병 동향을 정밀하게 예측하고, 핫스팟을 식별하며, 최적의 개입 전략을 수립하는 데 기여한다(Ali et al., 2025; Ali, 2024).

AI는 SNS 활동, 모바일 데이터, 여행 패턴, 기후 데이터 등 다양한 데이터 소스를 통합 분석하여 발병을 예측하고 모니터링한다. 블루도트(BlueDot)와 같은 플랫폼은 COVID-19 발생 이전에도 발병 징후를 감지하는 데

성공하며 AI의 선제적 감시 능력을 입증했다(Ali et al., 2025; Ali, 2024). AI 기반 역학 모델링은 미래의 발병 대비에 중요한 역할을 할 수 있으며, 원숭이 두창(Mpox) 발병 사례에서 그 잠재력이 논의되었다(Abdelouahed et al., 2025). 이러한 기술은 공중보건 관계자들이 잠재적인 위협을 조기에 감지하고, 더 빠르고 정확하게 대응할 수 있도록 지원한다. 가령, 질병관리청은 하수 기반 감시를 통해 지역적 특성, 기온 및 해수 온도 변화 등 환경적 요인을 고려한 감염병 예측 기반을 마련하고 있다(질병관리청, 2024). 이는 전통적인 감시 시스템의 한계를 보완하여 조기 경보 시스템의 효율성을 높인다.

만성 질환 예측 및 개인 맞춤형 예방 관리

만성 질환 관리 및 예방 의학 분야에서 환자 중심의 맞춤형 접근 방식을 강조하는 AI 연구가 두드러진다(Dong et al., 2025). 더 이상 일률적인 치료법을 적용하는 것이 아니라 환자 개개인의 고유한 생물학적 특성, 생활 습관, 그리고 환경적 요인까지 종합적으로 분석하고 고려하는 정밀 의료(Precision Medicine)의 구현을 목표로 한다. 예를 들어 AI는 당뇨병 환자의 유전체 정보, 실시간 혈당 모니터링 데이터, 식단 기록, 운동량, 심지어 수면 패턴까지 통합 분석하여, 각 환자에게 최적화된 인슐린 용량 조절, 맞춤형 식단 가이드, 그리고 운동 프로그램을 제안할 수 있다. 이러한 개인화된 접근 방식은 질병의 진행을 늦추고 합병증 발생 위험을 효과적으로 감소시키는 데 기여한다. 우리나라에서는 2025년에 "AI 기반 맞춤형 케어서비스 융합 선도(R&D) 사업" 신규 지원 대상 과제가 기획되어 공모 절차에 들어갔다(정보통신기획평가원, 2025). 이는 AI가 단순한 데이터 분석을 넘어 개인의 건강 상태와 잠재적 위험을 예측하고, 이에 기반한 선제적이고 정교한 의료 솔루션을 제공하는 방향으로 발전하고 있으며 정부도 이러한 연구개발의 중요성을 인식하고 있음을 명확히 보여 주는 지표다. 이러한 기술 개발은 만성 질환의 복잡성을 다층적으로 이해하고, 개별 환자의 특이성을 반영한 최적화된 예방 및 관리 전략을 수립하는 데 필수적인 기반을 제공할 것이다.

AI는 환자의 유전자 정보, 질병 이력, 생활 습관, 그리고 환경 노출 데이터 등 방대한 양의 다중 오믹스(Multi-omics) 데이터를 기반으로 맞춤형 의료 솔루션을 제공한다. 이를 통해 만성 질환 관리 및 복합 질병 예방에서 혁신적인 효과를 보고 있다(Goover AI Report, 2025). 예를 들어 AI는 특정 유전자 변이가 당뇨병 발병 위험을 높이는지 분석하고, 해당 환자의 식습관 및 운동량 데이터를 결합하여 개인에게 최적화된 식단 및 운동 계획을 제안할 수 있다. 또한 AI는 환자 건강 데이터를 분석하고 첨단 생체 의학 공학 기술(예: 바이오센서, 스마트 임플란트)을 통합하여 맞춤형 질병 관리 계획을 지원하고 전반적인 건강 결과를 향상시킬 수 있다(Dong et al., 2025). 데이터 분석 및 인공지능 솔루션 업체 글로벌노드(GlobalNodes)는 AI가 헬스케어 분야에서 환자 맞춤형 솔루션을 제공하는 데 중요한 역할을 한다고 강조하며, 이는 질병의 조기 발견 및 개인화된 치료로 이어진다고 설명한다(GlobalNodes, 2025). 이러한 AI의 활용은 기존의 '반응적 의료'에서 질병 발생을 예측하고 선제적으로 개입하는 '예방적 의료'로의 전환을 가속화하며, 환자 중심의 의료 패러다임을 확립하는 데 기여한다(한국바이오협회, 2025). 궁극적으로 AI는 만성 질환으로 인한 사회적 부담을 경감하고, 환자 개개인의 삶의 질을 향상시키는 데 핵심적인 역할을 수행할 것으로 기대된다.

웨어러블 기기와 유전체 데이터를 활용한 질병 예측

시장조사기관의 보고서에 따르면, 팬데믹 이후 AI 기술이 접목된 원격 의료 플랫폼의 채택률은 약 65% 급증했으며(Global Growth Insights, 2026a), 생성형 AI와 웨어러블 건강 장치의 통합은 24시간 실시간 환자 모니터링 체계를 구축하여 심박수, 수면 패턴, 활동량, 혈중 산소 포화도 등 정밀한 생체 신호를 수집 · 분석하는 혁신을 주도하고 있다. 특히 이러한 AI 기반 웨어러블 솔루션의 도입은 만성 질환 관리 효율성을 50% 향상시켰을 뿐만 아니라, 원격 진단 및 예측 분석을 통해 불필요한 병원 방문을 45% 감소시키는 유의미한 성과를 거두고 있다 (Global Growth Insights, 2026b).

미국에서 진행된 한 연구에서는 심혈관 질환을 앓는 고령 환자 500명을 대상으로 스마트 워치를 착용하고 부정맥 등 이상 징후가 감지될 경우 자동으로 의료진에게 알림을 전송하는 시스템을 도입하였다(Boston Consulting Group, 2025). 이 연구는 1년간 진행되었으며, 환자들은 심각한 응급 상황으로 발전하기 전에 적절한 의료 개입을 받을 수 있었고, 결과적으로 불필요한 병원 재입원율이 현저히 줄어들었다. 스마트 임플란트와 같은 첨단 웨어러블 기술은 체내에서 직접 실시간 환자 데이터를 제공하며, 이는 유전체 정보 및 라이프스타일 데이터와 결합되어 더욱 정밀한 진단 및 개인 맞춤형 치료를 가능하게 한다. 이러한 기기들은 환자의 생체 신호를 연속적으로 모니터링하여 미세한 이상 징후를 조기에 감지하고, 디지털 바이오마커로서 개인 맞춤형 건강관리를 위한 중요한 데이터를 제공하는 핵심적인 역할을 수행한다(Abhinav et al., 2025; Alonso et al. 2024; University of Michigan School of Public Health, 2025).

유전체 분석 기술의 고도화는 의료 분야에 또 다른 혁신적인 변화를 예고한다. 2025년까지 유전체 검사비가 80% 절감될 것으로 예상되면서, 이는 유전체 정보의 대중적 활용을 가속화하고 맞춤형 제품 및 서비스 시장의 성장을 촉진할 것이다(Kearney Blog, 2025). AI 도구는 방대한 유전체 데이터베이스를 분석하여 특정 질병과 관련된 DNA 변이 부분을 정밀하게 식별한다. 예를 들어, 영국 바이오뱅크(UK Biobank)와 같은 대규모 코호트 연구에서는 50만 명 이상의 유전체, 임상, 생활 습관, 바이오마커, 영상 데이터를 AI가 분석하여 특정 유전자형이 당뇨병이나 알츠하이머병과 같은 만성 질환 발병에 미치는 영향을 규명하고 있다(Allwright et al., 2023; Garg et al., 2024; Jiang et al., 2025). 이 연구는 머신러닝 알고리즘을 사용하여 수십만 개의 유전자 마커와 수백만 개의 임상 데이터를 교차 분석하는 방법론을 채택하였으며, 이를 통해 질병 위험도 예측의 정확도를 크게 높였다.

또한 연속 혈당 모니터(CGM)에서 수집된 데이터를 AI가 분석하여 미래 혈당 수치를 예측하고, 식사나 운동과 같은 생활 습관 요인이 혈당에 미치는 영향을 실시간으로 파악하는 데 활용된다(University of Michigan School of Public Health, 2025). 이는 당뇨병 환자가 저혈당이나 고혈당 쇼크를 예방하고, 보다 능동적으로 질병을 관리할 수 있도록 돕는다. 웨어러블 장치에서 얻어지는 활동량, 수면의 질, 심박 변이도 등의 데이터와 유전체 정보를 결합하면, AI는 잠재적인 건강 위험 구조(예: 초기 신경 퇴행성 질환의 징후, 스트레스 관련 생체 반응, 대사 이상)를 발견할 수 있다. 이러한 통합 분석은 질병의 유전적 원인을 밝히고, 개인에게 최적화된 예방 전략을 수립하며, 나아가 새로운 약물 표적을 발견하는 데 결정적인 기여를 한다(University of Michigan School of Public Health, 2025).

AI 기반 신약 및 백신 개발 가속화 사례

AI는 신약 개발 및 백신 개발 과정에 혁명적인 변화를 가져오고 있다. AI 중심의 제약 및 바이오테크 연구는 임상 문서화 및 운영 효율성 지표를 약 40% 향상시켰으며(Global Growth Insights, 2026a), 특히 약물 발견 및 개발을 위한 글로벌 AI 시장은 2024년 11억 2300만 달러에서 2033년 69억 5209만 달러로 연평균 18.2% 성장할 것으로 전망된다(Global Growth Insights, 2026b). 전임상 연구 및 약물 목표 식별 분야에서의 AI 채택 증가와 분자 스크리닝 내 생성형 AI의 통합이 55% 급증한 것이 이러한 시장 성장의 핵심 동인이다(Global Growth Insights, 2026b).

AI는 백신 개발 및 유통의 모든 단계를 강화하여 일정을 단축하고 정확도를 높이며 효과를 향상시킨다. AI 기반 예측 모델링은 면역 반응과 유전체 시퀀싱에 대한 전례 없는 통찰력을 제공하여 임상 시험 전에도 백신이 인체 생물학과 어떻게 상호작용할지 예측할 수 있게 한다(Digital Defynd, 2025). 또한 AI 알고리즘은 백신 제형을 최적화하고 임상 시험 설계를 간소화하며, 실시간 감시 및 예측 분석을 통해 백신 안전성 모니터링을 강화하여 대중의 신뢰를 높인다(Digital Defynd, 2025).

특히 COVID-19 백신 개발 과정은 AI의 혁신적 잠재력을 여실히 보여 주었다. AI 기반 다중 오믹스 통합은 에피토프 매핑을 가속화하여 발견 일정을 몇 달 단축시켰고,

예측 분석은 제조 워크플로 및 공급망 운영(온도 조절 콜드 체인 물류 포함)을 최적화했다(Gurcan, 2025). 이러한 발전은 AI가 전염병 대응 능력을 강화하고 글로벌 보건 안보에 기여할 수 있음을 입증했다(Digital Defynd, 2025; Gurcan, 2025; 과학기술정보통신부, 2025).

참고문헌

과학기술정보통신부(2025). "2025년 과학기술정보통신부 주요 정책방향 발표". 대한민국 정책브리핑. https://www.korea.kr/briefing/policyBriefingView.do?newsId=156670089

정보통신기획평가원(2025). "2025년도 AI기반 맞춤형 케어서비스 융합선도(R&D)사업 신규지원 대상과제 공고". 범부처통합연구지원시스템. https://www.iris.go.kr/contents/retrieveBsnsAncmView.do?ancmId=013656&ancmPrg=

질병관리청(2024.7). "질병관리청 기후보건 중장기 시행계획(2024~2028)".

한국바이오협회(2025). "디지털 헬스케어 현황 및 전망".

Kearney Blog(2024). "글로벌 사례로 살펴보는 디지털 헬스케어 산업의 미래: 유전체 분석 기술 고도화로 경제성 확보 및 효용이 증대될 전망". https://kearneyblog.co.kr/child/sub/insights/view.php?seq=124

Abdelouahed, M. et al.(2025). Integrating artificial intelligence into public health education and healthcare: insights from the COVID−19 and monkeypox crises for future pandemic readiness. *Frontiers in Education, 10*,1518909. doi: 10.3389/feduc.2025.1518909

Abhinav, V. et al.(2025). Advancements in Wearable and Implantable BioMEMS Devices: Transforming Healthcare Through Technology. *Micromachines, 16*(5), 522. https://doi.org/10.3390/mi16050522

Ali, H.(2024). AI for Pandemic Preparedness and Infectious Disease Surveillance: Predicting Outbreaks, Modeling Transmission, and Optimizing Public Health Interventions. *International Journal of Research Publication and Reviews, 5*(8), pp.4605∼4619. https://doi.org/10.55248/gengpi.6.0225.0941

Ali, H. H. et al.(2025). The Role and Limitations of Artificial Intelligence in Combating Infectious Disease Outbreaks. *Cureus, 17*(1), e77070. https://doi.org/10.7759/cureus.77070

Allwright, M. et al.(2023). Ranking the risk factors for Alzheimer's disease; findings from the UK Biobank study. *Aging Brain, 3*, 100081. https://doi.org/10.1016/j.nbas.2023.100081

Alonso, A. K. M. et al.(2024). Definitions of digital biomarkers: a systematic mapping of the biomedical literature. *BMJ health & care informatics, 31*(1), e100914. https://pmc.ncbi.nlm.nih.gov/articles/PMC11015196/

Boston Consulting Group(2025.1). How Digital and AI Will Reshape Health Care in 2025. https://www.bcg.com/publications/2025/digital−ai−solutions−reshape−health−care−2025

Digital Defynd(2025). Role of AI in Vaccine Development and Distribution. https://digitaldefynd.com/IQ/ai-in-vaccine-development-distribution/

Dong, C. et al.(2025). Precision management in chronic disease: An AI empowered perspective on medicine-engineering crossover. *iScience, 28*(3), 112044. https://doi.org/10.1016/j.isci.2025.112044

Garg, M. et al.(2024). Disease prediction with multi-omics and biomarkers empowers case-control genetic discoveries in the UK Biobank. *Nature Genetics, 56*, pp.1821~1831. https://doi.org/10.1038/s41588-024-01898-1

GlobalNodes(2025). What Are The Three AI Technology Categories In Healthcare. https://globalnodes.tech/blog/what-are-the-three-ai-technology-categories-in-healthcare/

Global Growth Insights(2026a). AI for Pharma and Biotech Market. https://www.globalgrowthinsights.com/market-reports/ai-for-pharma-and-biotech-market-100725

Global Growth Insights(2026b). AI for Drug Discovery and Development Market. https://www.globalgrowthinsights.com/market-reports/ai-for-drug-discovery-and-development-market-112766

Goover AI Report(2025). Advancing Dialysis Care: Integrating AI, Multiomics, and Evidence-Based Practice for the 2025 Fall Symposium. https://seo.goover.ai/report/202506/go-public-report-en-b0778161-b866-471e-a3ad-c6fb880fd469-0-0.html

Gurcan, F.(2025). Linear B−cell epitope prediction for SARS and COVID−19 vaccine design: Integrating balanced ensemble learning models and resampling strategies. *PeerJ Computer Science, 11*, e2970. https://doi.org/10.7717/peerj−cs.2970

Jiang, Y. et al.(2025). UKB−MDRMF: a multi−disease risk and multimorbidity framework based on UK Biobank data. *Nature Communications, 16*(1), 3767. https://doi.org/10.1038/s41467−025−58724−3

University of Michigan School of Public Health(2025.5.6). The future is here: Michigan Public Health is taking bold steps with AI. Findings Magazine. https://sph.umich.edu/findings/spring−2025/the−future−is−here.html

04
AI가 바꾸는 진단 프로세스

인공지능(AI)은 의료 영상, 병리, 유전체 데이터 등 방대한 정보를 신속하게 분석해 진단의 정확도와 효율성을 크게 높이고 있다. AI는 미세 병변 감지, 조기 암 진단, 맞춤형 치료, 진단 워크플로 자동화 등으로 의료진의 부담을 줄이고, 환자 안전과 치료 성공률을 향상시키며, 의료 서비스의 질과 접근성을 혁신적으로 개선한다.

청각장애인과 AI?

과거 질병 진단은 의료 전문가의 경험과 육안에 크게 의존했다. 그러나 이제 인공지능은 진단의 패러다임을 근본적으로 바꾸고 있다. AI는 방대한 데이터를 분석하고 미세한 패턴을 식별하여, 인간의 눈으로는 포착하기 어려운 질병의 징후를 찾아낸다. 이 장에서는 AI가 어떻게 진단 정확도와 효율성을 극대화하며, 의료 현장의 워크플로를 혁신하고 있는지 살펴보고자 한다.

인공지능이 진단 정확도와 효율성을 향상시키는 방법

인공지능은 의료 현장에서 진단 정확도와 효율성을 혁신적으로 향상시키고 있다(Scispot, 2025; HIMSS, 2025). AI 기반 자동화 영상 판독은 의료 혁신의 핵심으로 자리잡았으며, 특히 인구 고령화와 만성 질환 증가로 인한 의료 영상 검사 수요 증가에 효과적으로 대응하고 있다(Coreline soft, 2025). AI는 의사가 놓칠 수 있는 미세 골절을 감지하고, 뇌졸중 환자의 뇌 스캔을 해석하며(World Economic Forum, 2025), 유방암을 조기 발견하는 데 도움을 주어 치료 성공률과 환자 생존율을 높이는 데 기여한다(Goover, 2025). 이러한 AI의 능력은 방대한 의료 데이터를 신속하게 분석하고 복잡한 패턴을 식별함으로써 의료진의 인지적 부담을 경감시키고, 진단 과정에서 발생할 수 있는 인간적 오류의 가능성을 최소화하는 데 중요한 역할을 한다. 이는 결국 진단의 일관성과 객관성을 높여 환자 안전을 강화하는 데 기여한다.

구체적인 사례로 매사추세츠 종합병원(Massachusetts General Hospital, MGH)과 매사추세츠 공과대학교(Massachusetts Institute of Technology, MIT)의 협력 연구는 AI 알고리즘의 뛰어난 성능을 입증하였다. 이 연구는 흉부 CT 영상에서 폐 결절을 감지하는 AI 시스템을 개발하였으며, 그 결과 AI가 94%의 정확도로 폐 결절을 감지하여, 숙련된 인간 방사선 전문의의 평균 정확도 65%를 크게 능가하는 결과를 보였다(Scispot, 2025). 이 연구는 대규모의 익명화된 환자 영상 데이터를 딥러닝 모델(특히 컨볼루션 신경망, CNN) 학습에 활용하였으며, 이는 AI가 특정 진단 영역에서 인간 전문가를 보완하고 심지어 능가할 수 있는 잠재력이 있음을 명확히 시사한다. 폐 결절의 조기 발견은 폐암의 진단과 치료에 결정적인 영향을 미치므로, 이러한 AI의 발전은 폐암 환자의 예후를 획기적으로 개선할 수 있는 중요한 전환점이 된다.

우리나라에서 수행된 연구(이시은 · 김은경, 2022)에서도 AI 기반 유방암 진단 시스템이 인상적인 성능을 보여 주었다. 이 연구에서는 AI 시스템이 방사선 전문의보다 높은 민감도(90% 대 78%)와 정확도(91% 대 74%)를 보이며 초기 유방암 발견에 우수함을 입증했다. 여기서 '민감도'는 실제 질병이 있는 환자를 질병이 있다고 올바르게 진단하는 비율을 의미하며, '정확도'는 전체 진단 중 올바른 진단의 비율을 나타낸다. 유방암과 같이 조기 진단이 치료 성공률에 지대한 영향을 미치는 질병의 경우, 높은 민감도를 가진 AI 시스템은 숨어있는 암을 찾아내는 데 매우 효과적일 수 있다. 이러한 연구 결과들은 AI가 실제 임상 환경, 특히 대규모 스크리닝 프로그램에서 질병의 조기 진단율을 획기적으로 높이고, 궁극적으로 환자의 예후를 개선하는 데 직접적으로 기여할 수 있음을 강력히 시사한다. 이는 의료 자원의 효율적 배분과 공중보건 증진에도 긍정적인 영향을 미친다.

2024년 의료 영상 연구에 따르면 AI 통합, 고급 3D 시각화 기술, 웹 기반 영상 시스템, 클라우드 솔루션 등이 영상 의학 분야의 혁신을 주도하고 있으며(CMRad, 2024), 2025년의 메타분석 논문에서는 AI 기반 분석 도구가 진단 시간(이미지 분석 및 판독 소요 시간)을 최대 30%까지 단축시키는 성과를 보고했다(Zhang et al., 2025). 이는 의료기관의 진료 효율성을 높이고 환자 대기 시간을 줄이는 데 기여한다. 예를 들어, 응급실에서 뇌 CT 영상을 판독할 때 AI 기반 뇌출혈 감지 알고리즘(AIDOC 등)은 1분 이내에 뇌출혈 여부를 1차적으로 분석하여 의료진에게 경고함으로써, 신속한 치료 결정을 지원하고 환자의 신경학적 손상을 최소화할 수 있다(Abed et al., 2025). 이러한 발전은 AI가 의료진의 진단 부담을 줄이고, 환자에게 더 빠르고 정확한 진단을 제공함으로써 의료 서비스의 질을 획기적으로 개선할 수 있음을 보여 준다. AI는 진단 절차의 속도와 정확성을 높여 개인과 지역 사회의 건강을 개선할 수 있다(Olawade et al., 2023). 또한 AI는 실험실 검사 및 기타 진단 절차의 비용을 줄일 수 있다(Olawade et al., 2023). 이는 특히 의료 자원이 제한적인 지역에서 의료 서비스 접근성을 향상시키는 데 중요한 역할을 할 수 있다.

의료 영상 및 병리 진단에서의 AI 혁신

의료 영상 진단 분야에서 AI의 역할은 더욱 확대되고 있다. 진단 프로세스의 고도화 측면에서 AI는 임상의의 시각적 한계를 보완하고 의사 결정의 객관성을 확보하는 핵심적인 역할을 수행한다. 컨볼루션 신경망(CNN)과 같은 딥러닝 아키텍처는 인간이 포착하기 어려운 이미지 내 미세한 패턴을 학습하여 폐 결절, 심장 비대, 뇌혈관 기형 등 복잡한 병변을 높은 정밀도로 식별해 낸다. 이는 초기 암 진단과 같은 결정적인 순간에 오진율을 낮추고 질병의 예후를 선제적으로 예측함으로써 치료 성공률을 높이는 기반이 된다. 이러한 혁신은 정적인 영상 분석을 넘어 실시간 시술 현장으로 확장되고 있다. 위·대장 내시경이나 초음파 검사 시 AI는 실시간으로 영상을 분석하여 미세한 이상 소견을 즉각적으로 검출할 뿐만 아니라, 의료진에게 병변 관찰에 가장 유리한 최적의 뷰(view)를 안내하는 지능형 가이드 역할을 한다. 이러한 실시간 의사 결정 지원은 진단 워크플로의 효율성을 극대화하고 의료진의 숙련도 차이에 따른 진단 편차를 줄여, 궁극적으로 의료 서비스의 질적 상향 평준화를 이끄는 핵심 동력이 된다(곽대원 외, 2023).

2024년 연구자들은 대규모 의료 모델을 구축하고 AI를 사용하여 의료 이미지/비디오를 분할하고 당뇨병, 파킨슨병, 유방암, 폐암, 난소암, 관상동맥 심장병, 우울증, 위장병 등 다양한 질병을 진단하는 딥러닝 기술을 탐구했다(Hyper.AI, 2024). 이러한 모델들은 특정 질병의 조기 진단뿐만 아니라 질병의 진행 정도를 정량화하고 치료 반응을 예측하는 데도 활용될 수 있다.

우리나라의 의료 영상 AI 연구 및 적용 사례를 살펴보면, 국내 기업 루닛(Lunit)은 AI 기반 흉부 X-레이 영상 분석 솔루션 '루닛 인사이트 CXR'와 유방 촬영술 분석 솔루션 '루닛 인사이트 MMG'를 개발하여 임상 현장에 도입하였다(루닛, 2023a; 루닛, 2023b). '루닛 인사이트 CXR'는 폐 결절, 폐렴 등 10대 주요 흉부 질환을 97~99%의 정확도로 검출하며, 의료진의 진단 정확도를 최대 20% 향상시키는 것으로 알려져 있다. 이 솔루션은 국내외 여러 병원에서 흉부 X-레이 1차 판독을 보조하는 데 사용되며, 특히 영상 의학과 전문의가 부족한 지역이나 야간 응급 상황에서 신속하고 정확한 진단을 돕는 데 기여한다. 또한 뷰노(Vuno)는 AI 기반 뇌 MRI 영상 분석 솔루션 '뷰노메드 딥브레인'을 통해 알츠하이머병 등 퇴행성 뇌 질환 진단에 필요한 뇌 위축도를 정량적으로 분석하여 의료진의 진단을 돕는다(뷰노, 2023). 이러한 국내 연구 및 상용화 사례들은 AI가 의료 영상 진단 분야에서 이미 실질적인 가치를 창출하고 있음을 명확히 보여준다.

병리 진단 분야에서는 딥러닝 기술을 활용한 바이오마커 정량 분석이 PD-L1, c-MET과 같은 면역 항암제 반응 예측 바이오마커, 그리고 동결 절편 진단의 정밀도를 높이고 임상적 치료 결정에 기여하고 있다(후생신보, 2024). 전통적인 병리 진단은 병리과 의사의 육안 검사 및 주관적인 판단에 크게 의존하여, 숙련도에 따라 진단 결과의 편차가 발생할 수 있었다. 그러나 AI는 디지털 병리 이미지(Whole Slide Imaging, WSI)를 분석하여 객관적이고 정량적인 바이오마커 발현율을 측정함으로써 이러한 한계를 극복한다. 예를 들어, 국내 기업 딥바이오(DeepBio)는 전립선암 병리 진단을 위한 AI 솔루션을 개발하였다. 이 솔루션은 전립선 조직 슬라이드 이미지를 AI가 분석하여 암의 악성도를 나타내는 글리슨 점수(Gleason Score)를 자동으로 분류하고, 암 영역을 정량화하여 병리과 의사의 진단을 보조한다(후생신보, 2024). 이 AI는 수십만 장의 전립선암 병리 이미지 데이터를 학습하여 인간 병리과 의사 수준의 정확도를 달성하였으며, 특히 미세한 암 병변이나 침윤 여부를 놓치지 않고 찾아내는 데 강점을 보인다. 이는 암 환자의 맞춤형 치료 전략 수립에 필수적인 정보를 제공하며, 치료 효과를 예측하고 불필요한 치료를 줄이는 데 기여한다.

하버드 의과대학 연구팀은 ChatGPT와 유사한 대규모 언어 모델(LLM) 기반 AI 모델을 개발하여 다양한 암 유형에 걸쳐 진단 작업을 수행하고 치료 반응 및 환자 생존율을 예측하는 데 뛰어난 정확도를 보였다(Wang et al., 2024). 이 모델은 종양 미세 환경의 특징(예: 면역 세포 침윤, 섬유아세포 활성화)을 활용하여 환자의 치료 반응을 예측하고, 표준 치료에 반응하지 않을 환자를 조기에 식별하여 보다 효과적인 맞춤형 치료로 전환할 가능성을 제시한다. 이러한 AI 기반 접근 방식은 암 진단 정확도를 94%까지 높이고 기존 딥러닝 모델 대비 최대 36%p 더 나은 성능을 보여 주며, 궁극적으로 암 관련 사망률을 줄이는 데 기여할 잠재력을 가지고 있다. 이는 병리 진단의 패러다임을 변화시키고, 환자에게 더 나은 치료 기회를 제공하는 데 중요한 역할을 한다.

유전체 진단과 개인 맞춤형 진단에서 AI의 역할

AI 기반 유전체 분석은 질병 진단, 치료 및 관리를 개인의 유전적, 환경적, 생활 습관 요인에 맞춰 재정의하고 있다. 2025년까지 AI 기반 유전체 분석은 정밀 의료, 특히 암 치료에서 복잡한 유전적 변이를 식별하여 정밀도를 높일 것으로 예상된다(Express Healthcare, 2025). 유전체 분석 기반의 AI는 암세포 내 특정 유전자 돌연변이를 파악하여 어떤 표적 치료제나 면역 항암제가 효과적일지 예측하는 '정밀 의료'를 가능하게 하며, 이는 치료 옵션이 제한적인 말기 암 환자에게 새로운 대안이 되고 있다(박웅양, 2023).

국내 유전체 진단 AI 분야의 선도 기업인 마크로젠(Macrogen)은 기존의 유전체 분석 역량을 바탕으로 인공지능(AI)과 멀티오믹스(Multi-omics) 기술을 결합하여 질병을 사전에 포착하고 관리하는 '예측 의료' 시대를 열고 있다(바이오타임즈, 2025). 마크로젠은 단순히 질병을 진단하고 치료하는 수준을 넘어 RNA, 단백체, 단일세포 및 공간전사체 등 방대한 데이터를 AI로 분석함으로써 정밀 의료의 범위를 위험 예측과 맞춤형 개입 단계로 확장시키고 있다. 특히 2026년 완공 예정인 송도 글로벌 캠퍼스를 거점으로 데이터 생산부터 분석, 해석, 임상 적용까지 연결되는 '정밀 의료 전주기 체계'를 구축하고 있으며, 이를 통해 암과 희귀 질환 분야에서 환자 세분화 및 데이터 기반의 예측 의료 모델을 구현하는 데 주력하고 있다. 이러한 기술적 진보는 진단까지 수년이 걸리던 희귀 질환의 진단 과정을 획기적으로 단축하고, 개인별 생물학적 특성에 최적화된 맞춤형 솔루션을 제공함으로써 환자와 가족의 고통을 경감하고 공중보건의 질을 높이는 데 기여하고 있다.

희귀 질환 의심 환자를 대상으로 유전자 진단 검사를

지원하는 사업이 2024년에 높은 만족도(환자 및 가족 98%, 의료진 97%)를 보였으며, 2025년에는 규모와 대상, 지역이 확대될 예정이다(대한민국 정책브리핑, 2025). 이 사업은 AI 기반 유전체 진단 기술을 실제 임상 현장에 적용하여 그 효용성을 검증하고 있으며, 특히 진단이 어려웠던 희귀 질환 환자들에게 정확한 진단과 맞춤형 치료의 기회를 제공하는 데 중요한 역할을 한다. 이는 AI 기반 유전체 진단이 실제 임상 현장에서의 효용성을 인정받고 있으며, 개인 맞춤형 진료의 확산에 중요한 역할을 할 것임을 시사한다.

AI 도입에 따른 진단 워크플로의 변화와 최적화

AI는 의료진의 업무 부담을 줄이고 진료 효율성을 높이는 데 크게 기여하며, 의무기록 작성, 환자 데이터 추출, 예약 알림 전송 등 반복적인 행정 업무를 자동화할 수 있다(Blue Prism, 2023). 2025년에는 AI가 임상 의사 결정 과정에 더욱 깊이 통합되어 진단 정확도를 높이고, 방사선과, 병리학, 만성 질환 관리 등 다양한 분야에서 병원 진료 업무를 개선하고 재입원율을 줄이는 데 활용될 것이다(HIMSS, 2025). 이는 진료 모델을 반응적(reactive)에서 예측적(predictive)으로 전환하는 데 중요한 역할을 한다(HIMSS, 2025).

AI는 전체 의료 워크플로에 걸쳐 효율성을 자동화하고 개선하는 데 활용될 것이며, 이는 환자 경험을 근본적으로 향상시키고 비용 절감을 가져올 수 있다(Boston Consulting Group, 2025). 예를 들어 AI 기반 음성 인식 기술은 의사와 환자 간의 대화를 실시간으로 텍스트로 변환하여 의무기록을 자동으로 작성함으로써 의료진의 문서화 부담을 줄이고 환자 진료에 더 집중할 수 있도록 돕는다(HealthTech Magazine, 2025; KPMG, 2025; Freed, 2025). 이러한 AI 기반 자동화는 행정적 부담을 줄이고 운영 비용을 절감하며, 의료 서비스의 효율성을 크게 향상시킨다(Upskillist, 2025).

참고문헌

곽대원 외(2023). "인공지능 의료 영상인식 기술을 활용한 유방암 영상 진단 기법 연구". 《한국통신학회논문지》, 48(2), 216~226쪽.

대한민국 정책브리핑(2025.2.18.). "질병관리청, 2025년 찾아가는 희귀질환 진단지원 사업 본격 시행". https://www.korea.kr/briefing/pressReleaseView.do?newsId=156679430

루닛(2023a). "루닛 인사이트 CXR". https://www.lunit.io/ko/products/lunit-insight-cxr

루닛(2023b). “루닛 인사이트 MMG”.
https://www.lunit.io/ko/products/lunit-insight-mmg

바이오타임즈(2025.12.31.). “마크로젠, ‘정밀의료’ 넘어 ‘예측의료’로…AI·멀티오믹스 결합으로 예측의료 시대 겨냥”.
https://www.biotimes.co.kr/news/articleView.html?idxno=26235

박웅양(2023.8.15). “[유전자 건강학 칼럼] 유전체정보 활용한 신약개발로 정밀의료시장 선점해야”. 헬스경향.
http://www.k-health.com/news/articleView.html?idxno=66763

뷰노(2023). “뷰노메드 딥브레인”.
https://www.vuno.co/deepbrain

이시은·김은경(2022). “검진 유방촬영술에서의 인공지능 기반 진단보조프로그램의 적용”. 《대한유방검진의학회지》, 19(1), 14~19쪽.

후생신보(2024.8.14.). “딥바이오, ‘딥디엑스 프로스테이트’ 모로코 진출…글로벌 시장 확대 ‘박차’”.
https://www.whosaeng.com/154192

Hyper.AI(2024). “2024년 의료 AI 혁신 사례 검토, 놓칠 수 없는 최첨단 논문 35편”. https://hyper.ai/kr/news/37563

Abed, S. et al.(2025). Artificial intelligence for detecting traumatic intracranial haemorrhage with CT: A workflow-oriented implementation. *The Neuroradiology Journal*.
https://doi.org/10.1177/19714009251346477

Blue Prism(2023). US Healthcare Report: Positive Outcomes in Healthcare with Automation. SS&C Blue Prism.
https://www.blueprism.com/resources/white-papers/us-healthcare-report-patient-experience/

Boston Consulting Group(2025.1). How Digital and AI Will

Reshape Health Care in 2025.
https://www.bcg.com/publications/2025/digital-ai-solutions-reshape-health-care-2025

CMRad(2024). Medical imaging research in 2024 focuses on AI integration, advanced visualization technologies, and improved diagnostic capabilities. Collective Minds Radiology.
https://collectiveminds.health/articles/medical-imaging-research-2024-breakthroughs-in-ai-and-advanced-technologies

Coreline soft(2025). U.S. Healthcare AI Market in 2025: Growth Drivers & Clinical Impact.
https://www.corelinesoft.com/en/blog/Insight/us-healthcare-ai-market-2025

Express Healthcare(2025). AI-powered genomics: Future of personalised innovations in healthcare.
https://www.expresshealthcare.in/news/ai-powered-genomics-future-of-personalised-innovations-in-healthcare/448751/

Freed(2025). The Best AI Medical Scribe for Happier Clinicians. Get Freed. https://www.getfreed.ai

Goover(2025). AI in Healthcare 2025: Market Forecast, Growth Drivers, and Key Use Cases. Goover AI Report.
https://seo.goover.ai/report/202505/go-public-report-en-c4b27b33-8c51-4654-bec4-e20b6c5fbcd0-0-0.html

HealthTech Magazine(2025). Overview: 2025 AI Trends in Healthcare. HealthTech Magazine.
https://healthtechmagazine.net/article/2025/01/overview-2025-ai-trends-healthcare

HIMSS(2025.5.22). How AI is Reshaping Clinical Decision-Making in 2025. HIMSS Global Health Conference & Exhibition. https://www.himssconference.com/how-ai-is-reshaping-clinical-decision-making-in-2025/

KPMG(2025). Intelligent healthcare: A blueprint for creating value through AI-driven transformation. KPMG International. https://assets.kpmg.com/content/dam/kpmg/be/pdf/GM-TL-01763-AI-Reimagining-with-AI-Healthcare-TL-V10-Web.pdf

Olawade, D. B. et al.(2023). Using artificial intelligence to improve public health: a narrative review. *Frontiers in Public Health, 11*, 1196397. https://doi.org/10.3389/fpubh.2023.1196397

Scispot(2025). AI Diagnostics: Revolutionizing Medical Diagnosis in 2025. https://www.scispot.com/blog/ai-diagnostics-revolutionizing-medical-diagnosis-in-2025

Upskillist(2025.5.2). Top AI Agents Use case for Healthcare in 2025. Upskillist. https://www.upskillist.com/blog/top-ai-agents-use-case-for-healthcare-in-2025/

Wang, X. et al.(2024). A pathology foundation model for cancer diagnosis and prognosis prediction. *Nature, 634*, pp.970~978. https://doi.org/10.1038/s41586-024-07894-z

World Economic Forum(2025). 7 ways AI is transforming healthcare.

https://www.weforum.org/stories/2025/03/ai-transformin
g-global-health/

Zhang, S. et al.(2025). Effectiveness of AI for Enhancing Computed Tomography Image Quality and Radiation Protection in Radiology: Systematic Review and Meta-Analysis. *J Med Internet Res, 27*, e66622. https://doi.org/10.2196/66622

05
인공지능과 전자건강기록

전자건강기록(EHR)은 환자 진료 정보, 검사 결과 등 방대한 데이터를 디지털로 통합해 공중보건 연구와 임상 실무의 혁신을 이끈다. AI · 자연어 처리(NLP) · 머신러닝을 결합하면 질병 예측, 환자 위험도 평가, 맞춤형 치료, 실시간 모니터링 등이 가능해진다. EHR는 의료진 협업과 환자 중심 진료를 촉진하지만, 신뢰성 확보를 위해서는 데이터의 품질과 표준화, 편향성 관리가 필수다.

AI 콘텐츠 크리에이터?

의료 현장의 디지털화는 거스를 수 없는 흐름이다. 그 중심에는 환자의 모든 의료 정보가 담긴 전자건강기록(EHR)이 있다. EHR는 단순한 종이 차트의 디지털 버전이 아니다. 인공지능과 결합하여 방대한 데이터를 분석하고, 질병 패턴을 파악하며, 미래를 예측하는 강력한 도구로 진화한다. 이 장에서는 EHR가 어떻게 공중보건의 새로운 지평을 여는지 살펴본다.

전자건강기록 데이터가 공중보건 연구 및 실무에 제공하는 이점

전자건강기록(EHR)은 의료 정보 디지털화를 통해 공중보건 연구 및 실무에 혁명적 변화를 가져왔다. EHR는 환자의 의료 기록, 처방전, 검사 결과 등 임상 정보를 디지털로 통합하여 보관한다. 이러한 포괄적이고 동적인 데이터 수집은 심혈관 질환(CVD)과 같은 만성 질환 연구에 지대한 영향을 미쳤다(Tsai et al., 2025). EHR 데이터와 인공지능(AI)을 통합한 고급 분석 방법은 CVD 위험 예측 및 관리 방법론을 변화시키며, 의료 서비스 질과 환자 결과를 크게 향상시킨다(Tsai et al., 2025). 예를 들어 EHR의 환자 과거 병력, 가족력, 생활 습관, 검사 결과 등을 AI가 분석하여 CVD 발병 위험도를 정밀 예측하고 예방 전략을 수립하는 데 활용된다. 이는 공중보건 연구자들이 질병 패턴 파악, 고위험군 식별, 정책 효과 평가에 필수적인 기반 데이터를 제공한다(Olawade et al., 2023).

EHR 시스템은 의료 정보 검색을 간소화하고, 의료 제공자 간 원활한 정보 공유를 가능하게 하여 협력 진료 및 환자 참여에 중요한 역할을 한다(Tsai et al., 2025). 환자가 여러 병원을 방문할 때도 EHR는 모든 의료 정보를 통합하여 의료진이 일관된 치료 계획을 수립하도록 돕는다. 이는 전문 분야나 지역 간 의료 서비스 및 자원 통합을 촉진하여 포괄적인 환자 관리를 가능하게 한다. 미국의사협회(AMA)의 EHR 사용 연구 지원 프로그램은 2019년부터 EHR 사용 패턴이 의사 소진(burnout)에 미치는 영향을 연구했다. 2024년에는 EHR 사용으로 인한 의사의 행정 부담을 줄이기 위한 알고리즘 개선과 '팀워크 처방(Teamwork Order)' 분석에 초점을 맞췄다(American Medical Association, 2025). 2025년에는 팀 기반 EHR 작업 전략 채택 및 의사 EHR 부담 영향을 측정할 예정이며, EHR 시스템이 의료진 업무 부담을 줄이고 진료 효율성을 높이는 데 기초 자료가 될 것으로 보인다(한국지능정보사회진흥원, 2024; Milbank Memorial

Fund, 2025).

한국의 EHR 활용 사례를 살펴보면, 국내 주요 상급 종합병원들은 수년 전부터 EHR 시스템을 고도화하고 AI를 접목하여 의료 서비스 질 향상에 노력해 왔다. 가령, 서울아산병원은 2019년부터 자체 개발한 임상 데이터 웨어하우스(CDW) 기반으로 AI를 활용한 환자 데이터 분석을 시작했다(중소기업기술정보진흥원, 2018). 이 시스템은 방대한 EHR 데이터를 분석하여 질병 발병 위험 예측, 재입원 예측, 환자 맞춤형 치료법 추천 등에 활용된다. 특히 이 병원은 AI 기반 심정지 예측 시스템을 개발하여 중환자실 환자의 심정지 발생을 24시간 전에 예측하고 의료진에게 경고, 실제 심정지 발생률을 유의미하게 감소시키는 성과를 거두었다. 이는 AI가 EHR 데이터를 통해 실시간 환자 상태 모니터링, 의료진의 신속한 개입 유도, 직접적인 환자 안전 향상에 기여할 수 있음을 보여 주는 대표적인 사례다. AI 알고리즘은 대량의 EHR 데이터를 처리하여 통찰력을 추출하고, 질병 패턴 식별, 개인 맞춤형 치료 접근 방식 및 발병 조기 감지에 도움을 준다(Olawade et al., 2023).

자연어 처리(NLP)를 활용한 비정형 EHR 데이터 분석 및 활용

EHR의 비정형 텍스트 데이터(진료 기록, 간호 기록, 퇴원 요약 등)는 분석에 어려움이 있었다. 자연어 처리(NLP) 기술은 이 격차를 해소하는 핵심 역할을 수행한다(Scharp et al., 2024). 의료 NLP는 정교한 알고리즘으로 비정형 텍스트를 구조화된 데이터로 변환하여 의사 결정 및 환자 결과 개선에 기여한다. 예를 들어 NLP는 진료 차트에서 환자 증상, 진단명, 약물, 치료 반응 등 핵심 정보를 자동으로 추출하여 의무기록의 정확성을 높이고 데이터 입력 오류를 줄인다.

NLP 솔루션은 비정형 임상 텍스트를 분석하여 숨겨진 위험 요소를 추출하고 질병 진행을 예측하며, 임상 악화의 조기 경고 신호를 인식하여 인구 집단의 건강관리를 향상시킨다. 미국 메이요 클리닉 연구는 규칙 기반 NLP 알고리즘을 EHR 임상 차트에 적용, 췌장암 위험 요인을 자동 식별하여 높은 민감도를 보였다(Mayo Clinic, 2025; Sarwal et al., 2024). 이는 췌장암과 같은 조기 진단이 어려운 질병의 예후 개선에 중요한 의미를 가진다.

우리나라의 NLP 활용 사례도 주목할 만하다. 서울대학교병원은 임상 의무기록의 비정형 텍스트에서 질병

명, 증상, 검사 결과 등을 자동 인식 및 구조화하는 NLP 시스템을 개발, 연구에 활용하고 있다(배예슬, 2023). 이 시스템은 딥러닝 기반 신경망 모델로 한국어 임상 용어 특성을 반영, 특정 질환 환자군 식별 및 치료 경과 추적에 활용된다. 삼성서울병원도 진료 기록 요약 및 질환 분류에 NLP를 적용하여 의료진 문서화 부담을 줄이고 진료 효율성을 높이는 연구를 진행 중이다(삼성서울병원, 2024). 이러한 노력은 비정형 데이터 가치를 극대화하고, 의료진 업무 부담을 경감하며, 궁극적으로 환자 치료 질을 향상시킬 것이다.

NLP는 환자 건강에 영향을 미치는 사회적 결정 요인(예: 주거 불안정성, 식료품 불안정, 교통 접근성 부족)을 비정형 임상 기록에서 식별하여 환자 상황에 대한 이해를 돕고, 건강 문제 해결을 위한 돌봄 계획을 조정할 수 있게 한다(Bejan et al., 2018; Wang et al., 2018; Wu et al., 2023). 예를 들어 NLP는 진료 기록에서 '노숙', '식료품 부족' 같은 키워드를 찾아 의료진이 환자의 사회 경제적 어려움을 인지하고 사회복지 서비스 연계를 도울 수 있다.

2023년 세계 헬스케어 및 생명과학용 NLP 시장은 약 27억 달러 규모로 평가되었으며, 연평균 34.4%의 가파

른 성장세를 이어가 2028년에는 118억 달러에 이를 것으로 전망된다(MarketsandMarkets, 2023). 이러한 폭발적 성장은 전자건강기록(EHR) 도입의 보편화와 더불어, 방대한 의료 데이터로부터 가치 있는 임상적 통찰력을 추출하여 진단 정확도와 환자 맞춤형 케어를 개선하려는 수요가 반영된 결과다.

머신러닝 기반 EHR 데이터 분석을 통한 질병 예측과 환자 위험도 평가

머신러닝(ML)은 EHR 데이터를 활용하여 질병 예측 및 환자 위험도 평가에 강력한 도구로 활용된다. ML 모델은 환자 진단 기록, 인구 통계, 약물 처방, 검사 결과 등 방대한 데이터를 분석하여 질병 진단 가능성을 예측한다. 미국에서 수행된 연구에서는 EHR의 사회 경제적 데이터와 과거 입원 기록, 진단 코드를 ML로 분석, 재입원 위험 환자를 발견하고 추가 의료 서비스로 재입원율을 낮췄다(Databricks, 2020). 이는 만성 질환 환자의 의료비 부담 경감 및 삶의 질 향상에 기여한다.

EHR 기반 예측 모델은 질병 진행 및 치료 반응을 정확하게 예측하여 임상 실습에 쉽게 통합될 수 있다(Hirszowicz & Aran, 2024). 예를 들어, 특정 항암제 반응이나 당뇨병 합병증 발병 위험을 예측하는 모델이 개발될 수 있다. 그러나 EHR 시스템 간 환자 인구 통계 및 의료 시스템 이질성으로 인해 모델 정확도가 낮아질 수 있다. 이를 해결하고자 전이 학습(transfer learning) 방법론이 연구되고 있는데, 이는 한 EHR 코호트에서 개발된 모델을 다른 EHR 코호트에 맞게 자동으로 조정하여 일반화 가능성을 높인다. 가천대학교 연구팀도 2020년 전이 학습을 활용해 EHR 기반 질병 예측 모델 정확도를 높이는 연구를 진행했다(가천대학교, 2024).

국내 의료기관들은 AI를 질병 예측 및 환자 위험도 평가에 적극 활용하고 있다. 연세대학교 세브란스병원은 2024년 딥러닝 기반 EHR 분석 시스템으로 패혈증 발생 위험을 조기에 예측했다(연세대학교 세브란스병원, 2024). 이 연구는 세브란스병원 패혈증 환자 8명과 건강 대조군 20명의 CD8 T세포 3D 이미지 데이터를 활용, 패혈증 발생을 96~99% 수준의 정확도로 위험을 예측하여 의료진 개입과 사망률 감소에 기여했다. 이와 같은 국내 사례들은 AI가 EHR 데이터를 통해 질병 예측 및 환자 위험도 평가 분야에서 중요한 역할을 수행함을 보여 준다.

EHR 데이터 품질 관리와 편향성 문제 해결의 중요성

EHR 데이터의 품질 관리는 AI 기반 분석의 정확성과 신뢰성을 보장하는 데 매우 중요하다. AI 모델은 대규모 데이터 세트에서 개발되는데, EHR에서 비표준화된 데이터가 사용될 경우 데이터 통합에 문제가 발생하여 인구 집단을 대표하지 못할 수 있다(Crowell Health Solutions, 2025). 이로 인해 AI 알고리즘에 편향성을 초래할 수 있으며, 특정 인종이나 성별에 대한 데이터 부족 또는 불균형 시 질병 진단이나 치료 결정에 부정확성을 야기할 수 있다. 예를 들어, 특정 소수 민족 집단의 EHR 데이터가 충분하지 않다면, AI 모델은 해당 집단의 질병 특성을 제대로 학습하지 못해 오진율이 높아지거나 부적절한 치료 권고를 할 위험이 있다.

국내에서도 EHR 데이터 품질 향상과 편향성 완화를 위한 노력이 진행 중이다. 보건복지부와 한국보건의료정보원은 '국가 보건의료 빅데이터 플랫폼'을 구축하여 표준화된 고품질 EHR 데이터를 수집하고 연계하는 사업을 추진하고 있다(한국보건의료정보원, 2023). 이 플랫폼은 다양한 의료기관의 EHR 데이터를 표준화된 형식으로 통합하고, 데이터 정제 및 품질 검증 과정을 거쳐

AI 학습에 적합한 형태로 제공한다. 또한 AI 모델 개발 시 특정 인구 집단에 대한 데이터 불균형 해소를 위해 데이터 증강(Data Augmentation) 기법을 활용하거나, 다양한 인구 통계학적 특성을 반영한 데이터 세트 구축 연구가 활발히 진행되고 있다. 이러한 노력은 AI 모델의 일반화 가능성을 높이고, 의료 불평등을 줄이는 데 기여할 것이다.

2024년 1월 하버드 비즈니스 리뷰 분석 서비스가 362명의 조직 내 AI 활용 의사 결정 관련자를 대상으로 실시한 설문조사 결과, 데이터 품질 개선 및 정화에 주력한다는 응답이 49%로 나타났고, 데이터 거버넌스 정책, 표준, 프레임워크 수립에 주력한다는 응답은 59%로 나타났다. 데이터 거버넌스 관련 실질적 개선 필요성에 대한 응답(41%)은 "AI 도입 시 겪는 데이터 관련 주요 과제"로 집계되었는데, 이는 AI 활용의 효과성과 윤리성을 확보하기 위한 데이터 품질 관리의 중요성을 시사한다(Harvard Business Review Analytic Services, 2024). 의료 AI의 윤리적 문제에 대한 관심은 최근 5년 동안 꾸준히 증가해 왔으며, 특히 2024년 현재 편향(Bias)과 프라이버시(Privacy)는 의료 현장에서 가장 비중 있게 논의되는 핵심 주제로 꼽히고 있다(소프트웨어정책연구소,

2025).

또한 의료 데이터의 접근성 문제도 중요한 고려사항이다. AI의 잠재력을 최대한 활용하기 위해서는 데이터 공유 및 상호운용성이 필수적이지만, 민감한 환자 정보 보호를 위한 규제적 제약(예: HIPAA, GDPR)과 기술적 문제[예: 데이터 사일로(기관별 데이터 고립), 레거시 시스템(구형 시스템의 호환성 부족)]가 존재한다. 이러한 문제들을 해결하기 위해서는 데이터 표준화, 강력한 데이터 거버넌스, 그리고 개인정보 보호 기술(예: 비식별화, 동형 암호)의 발전이 요구된다(GovCIO Media & Research, 2025).

참고문헌

가천대학교(2024). "4단계 BK21 혁신인재 양성사업 지능형반도체(시스템반도체 포함)분야 교육연구단 사업신청서". https://bk21semiconductor.gachon.ac.kr/pdfjs/web/BK21.pdf

배예슬(2023). "이종언어 임상기록 내 흡연 음주 정보 추출 및 분류를 위한 자연어처리 알고리즘 개발". 서울대학교 대학원 박사학위 논문. https://s-space.snu.ac.kr/bitstream/10371/197172/1/000000177754.pdf

삼성서울병원(2024). "삼성서울병원, 맞춤형 인공지능 통합 플랫폼 구축". Microsoft 고객 사례.

https://www.microsoft.com/ko-kr/customers/story/19146-samsung-medical-center-azure-ai-and-machine-learning
소프트웨어정책연구소(2025.4.15). "AI Index 2025 주요 내용과 시사점". Issue Report, IS-200. https://www.spri.kr/download/23630
연세대학교 세브란스병원(2024.1.12). "패혈증 진단과 예후 예측 가능한 AI 모델 개발". 세브란스병원 뉴스룸. https://sev.severance.healthcare/sev/news/press/report.do?mode=view&articleNo=120632
중소기업기술정보진흥원(2018). "중소기업 기술로드맵 (2018-2020) 28(의료서비스기기)".
한국보건의료정보원(2023). 《보건의료데이터 활용 혁신 브리프》, 2. https://www.k-his.or.kr/board.es?mid=a10309000000&bid=0025&tag=&act=view&list_no=1215
한국지능정보사회진흥원(NIA)(2024). "[IT & Future Strategy 2024-6] NIA가 전망한 2025년 12대 디지털 트렌드". https://www.nia.or.kr/site/nia_kor/ex/bbs/View.do?cbIdx=25932&bcIdx=27606&parentSeq=27606
American Medical Association(2025). Electronic Health Record (EHR) Use Research Grant Program. https://www.ama-assn.org/practice-management/digital-health/electronic-health-record-ehr-use-research-grant-program
Bejan, C. A. et al.(2018). Mining 100 million notes to find homelessness and adverse childhood experiences: 2 case studies of rare and severe social determinants of health in electronic health records. *Journal of the American Medical Informatics Association, 25*(1), pp.61~71.

Burkhart, M. C. et al.(2025). Foundation models for electronic health records: Representation dynamics and transferability. https://arxiv.org/pdf/2504.10422

Crowell Health Solutions(2025). House Task Force on AI Issues Report and Proposes Healthcare Recommendations. https://www.crowellhealthsolutionsblog.com/2025/01/house-task-force-on-ai-issues-report-and-proposes-healthcare-recommendations/

Databricks(2020.10.20). Detecting At-Risk Patients with Real World Data. https://www.databricks.com/blog/2020/10/20/detecting-at-risk-patients-with-real-world-data.html

GovCIO Media & Research(2025.3.5). HIMSS: Unlocking Interoperability to Make Health Data Work for Everyone. GovCIO Media & Research. https://govciomedia.com/himss-unlocking-interoperability-to-make-health-data-work-for-everyone/

Harvard Business Review Analytic Services(2024). Data Readiness for the AI Revolution. https://links.imagerelay.com/cdn/3467/ql/65843090479943f2980ae89791665d16/HBR-Report--Data-Readiness-for-the-AI-Revolution.pdf

Hirszowicz, O. & Aran, D.(2024). ICU Bloodstream Infection Prediction: A Transformer-Based Approach for EHR Analysis. In Finkelstein, J. et al.(eds.). *Artificial Intelligence in Medicine. AIME 2024. Lecture Notes in Computer Science, 14844*. pp.279~292. Springer. https://doi.org/10.1007/978-3-031-66538-7_28

MarketsandMarkets(2023.11.29). “NLP in Healthcare & Life

Sciences Market – A Comprehensive Analysis of Growth Drivers and Emerging Trends". Report Code: TC 3660. https://www.marketsandmarkets.com/ResearchInsight/emerging-trends-in-healthcare-lifesciences-nlp-market.asp

Mayo Clinic(2025.1.8). Use of artificial intelligence tools and electronic health record data for pancreatic cancer risk prediction. https://www.mayoclinic.org/medical-professionals/digestive-diseases/news/use-of-artificial-intelligence-tools-and-electronic-health-record-data-for-pancreatic-cancer-risk-prediction/mqc-20577243

Milbank Memorial Fund(2025). IV. Technology: The lack of investment in EHRs has led to burdensome systems that drain clinicians' time, thereby reducing patient access to care. The Health of US Primary Care: 2025 Scorecard Report. https://www.milbank.org/publications/the-health-of-us-primary-care-2025-scorecard-report-the-cost-of-neglect/iv-technology-the-lack-of-investment-in-ehrs-has-led-to-burdensome-systems-that-drain-clinicians-time-thereby-reducing-patient-access-to-care/

Olawade, D. B. et al.(2023). Using artificial intelligence to improve public health: a narrative review. *Frontiers in Public Health, 11*, 1196397. https://doi.org/10.3389/fpubh.2023.1196397

Sarwal, D. et al.(2024). Identification of pancreatic cancer risk factors from clinical notes using natural language processing. *Pancreatology, 24*(4), pp.572~578. https://doi: 10.1016/j.pan.2024.03.016

Scharp, D. et al.(2024). Natural language processing applied to clinical documentation in post-acute care settings: A scoping review. *Journal of the American Medical Directors Association, 25*(1), pp.69~83. https://doi.org/10.1016/j.jamda.2023.09.006

Tsai, M. L. et al.(2025). Harnessing electronic health records and artificial intelligence for enhanced cardiovascular risk prediction: A comprehensive review. *Journal of the American Heart Association, 14*(6), e036946. https://doi.org/10.1161/JAHA.124.036946

Wang, Y. et al.(2018). Clinical information extraction applications: A literature review. *Journal of Biomedical Informatics, 77*, pp.34~49.

Wu, W. et al.(2023). Natural language processing to identify social determinants of health in Alzheimer's disease and related dementia from electronic health records. *Health Serv Res., 58*(6), pp.1292~1302. doi: 10.1111/1475-6773.14210

06
생성형 AI와 공중보건

생성형 AI는 텍스트, 이미지, 음성 등 다양한 콘텐츠를 자동 생성하는 딥러닝 기술로, 공중보건 분야에서 맞춤형 건강 정보 제공, 환자 교육, 의무기록 작성, 행정 자동화, 정책 시뮬레이션 등 혁신을 이끈다. 특히 대규모 언어 모델과 멀티모달 AI는 데이터 분석과 의사 결정 지원, 개인정보 보호 합성 데이터 생성 등에서 효율성과 정확성을 높이며, 의료진과 환자 모두의 편의성과 접근성을 크게 향상시킨다.

AI와 민주주의?

생성형 인공지능(Generative AI, Gen AI)은 텍스트, 이미지, 오디오, 비디오 등 복잡하고 독창적인 콘텐츠를 사용자의 요청에 따라 생성할 수 있는 딥러닝 모델의 한 유형이다(Bharel et al., 2024). 2022년 OpenAI의 ChatGPT 출시 이후, 생성형 AI는 전례 없는 속도로 확산되었으며, 헬스케어 분야에서 혁신적인 잠재력을 입증하고 있다. 특히 대규모 언어 모델(LLM)은 텍스트 기반 데이터를 활용하여 의료 교육 및 행정 업무 처리의 새로운 가능성을 제시하며(Unell et al., 2025), 공중보건 분야에서 고품질의 공감적이고 맞춤형의 건강 정보 수요를 충족하는 데 기여하고 있다(MacKay, 2023).

생성형 AI는 공중보건 관계자들이 업무에 접근하는 방식에 혁신적인 기회를 제공할 것으로 전망된다. 이는 의사소통 개선, 조직 성과 최적화, 그리고 의사 결정을 위한 새로운 통찰력 생성을 통해 핵심 공중보건 기능을 효과적으로 지원할 수 있다(Bharel et al., 2024). 2025년에는 텍스트, 이미지, 유전체 데이터, 실시간 환자 활력 징후 등을 동시에 분석하고 생성할 수 있는 멀티모달 AI 모델의 채택이 증가할 것으로 예상된다(John Snow Labs, 2025).

환자 교육 자료 및 건강 정보 콘텐츠 자동 생성

생성형 AI는 공중보건 캠페인을 위한 대상 청중의 페르소나 프로필을 강화하고, 인간과 구별하기 어려운 이미지를 생성하여 시각적 디자인을 향상시킬 수 있다(RTI International, 2025). 예를 들어, 텍스트-이미지 AI 이미지 생성기(Image FX, DALL-E 등)를 통해 보건 당국은 커뮤니케이션 노력을 지원하는 시각 자료를 신속하게 제작할 수 있다. COVID-19 팬데믹 시기 사회적 거리두기, 손 씻기, 마스크 착용 등을 묘사한 이미지는 특정 언어의 텍스트나 연설보다 효과적으로 중요한 보편적 건강 정보를 전달하였다(Bharel et al., 2024).

국내 공공기관들도 생성형 AI의 활용 가능성을 탐색하고 있다. 예를 들어, 질병관리청은 2025년 국민 건강증진을 위한 소통 전략 강화와 디지털 전환에 적극적으로 나서며, 생성형 AI 등 첨단 기술을 활용한 건강 정보 전달 체계 개선을 추진하고 있다(질병관리청, 2025). 공식 보도자료와 전문가 자문단 회의에서, 질병관리청은 연령, 지역, 언어 배경 등 다양한 인구 집단의 특성을 반영한 맞춤형 위기소통 콘텐츠 개발의 필요성을 강조했다. 특히 정보 취약 계층(고령층, 외국인, 장애인 등)을 위한 쉬운 언어의 콘텐츠, 연령별·지역별 맞춤형 메시지 설계가 논의되었다(전자신문, 2025).

또한 생성형 AI는 과학 논문의 요약을 명확한 언어로 생성하여 일반 대중의 접근성을 높이는 데 기여한다. AI가 생성한 요약이 인간이 생성한 요약보다 더 신뢰할 수 있고 정확하다고 인식되는 연구 결과도 존재한다(MacKay, 2023). 한국의 연구 및 보고서 요약 사례로는 한국과학기술정보연구원(KISTI)이 개발한 '과학기술 정보 분석 플랫폼(ScienceON, NTIS)'에 생성형 AI를 접목하여, 복잡한 의학 논문이나 보건 정책 보고서를 일반인이 이해하기 쉬운 형태로 요약하는 서비스를 제공하고 있다(AI타임스, 2020). 이 시스템은 연간 수만 건의 국내외 보건의료 관련 학술 자료를 분석 · 요약하여, 공중보건 담당자와 정책 입안자들이 최신 연구 동향을 신속하게 파악하고 정책 수립에 활용할 수 있도록 지원하고 있다. 이러한 능력은 공중보건 메시지를 명확하고, 접근 가능하며, 청중 맞춤형으로 제공하는 데 중요한 역할을 한다(RTI International, 2025).

생성형 AI는 건강 정보를 이해하기 쉬운 형식으로 요약하여 주민들이 특정 질문에 대한 답변을 보다 효과적이고 효율적으로 얻을 수 있도록 한다(Bharel et al., 2024). 공중보건 웹사이트를 통해 정보를 얻거나 보건 당국 직원과 전화 통화를 하는 대신, 시민들은 AI 인터페이스를 통해 대화를 시작하고 사실에 근거한 답변을 24시간 내내 접근하기 쉬운 질의응답 형식으로 받을 수 있다(Bharel et al., 2024).

의료 기록과 연구 보고서 자동 생성 및 요약

생성형 AI는 의료 기록 작성 및 연구 보고서 요약의 효율성을 증대시킨다. AI 기반 음성 인식 기술은 의사와 환자 간의 대화를 실시간으로 텍스트로 변환하여 의료 기록을 자동으로 작성함으로써 의료진의 문서화 시간을 단축시킨다(Lakshminarasimhan, 2024; Kaushal, 2025; Walker, 2025). 이는 의료진의 업무 부담을 줄이고 환자 진료에 대한 집중도를 높이는 데 기여한다.

생성형 AI 모델을 활용한 합성 데이터(synthetic data) 생성은 데이터 접근성과 환자 개인 정보 보호의 균형을 맞추는 유망한 해결책으로 부상하고 있다(한국바이오협회, 2024; 개인정보보호위원회, 2024). 합성 데이터는 연구 및 교육 목적으로 사실적이고 익명화된 환자 데이터를 생성할 수 있으며, 이는 민감한 환자 정보를 직접 사용하지 않고도 알고리즘 학습을 통해 진단 정확성과 신뢰성을 확보하는 데 기여한다. 가트너는 2030년까지 AI

학습에 합성 데이터 사용 비율이 실제 데이터 사용 규모를 넘어설 것으로 예측했는데(Gartner, 2022; 한국지능정보사회진흥원, 2024), 데이터 품질 및 개인정보 보호 문제 해결의 중요한 대안이 될 것이다.

생성형 AI는 또한 임상 노트, 퇴원 요약 및 기타 의료 문서를 분석하여 표준화된 코드(예: ICD, CPT, SNOMED CT 등)를 자동으로 할당함으로써 의료 문서 코딩을 자동화하고 오류를 줄이며 전체 프로세스를 가속화할 수 있다(Signify Research, 2024). 이는 의료 기록의 정확성을 높이고 의료비 청구 및 연구 데이터 관리를 간소화하는 데 기여한다. 생성형 AI 도구는 방대한 양의 서면 텍스트에서 정보를 검색, 추출 및 요약하여 정책 분석가의 업무 부담을 줄일 수 있다(Bharel et al., 2024). 이는 컴퓨터가 생성한 요약을 분석가가 검토하고, 건강 정책 제안을 분석하며, 의사 결정자가 보다 사려 깊고 전략적인 권고를 설계하는 데 더 많은 시간을 할애할 수 있도록 한다. 또한 생성형 AI 도구는 방대한 양의 배경 자료를 요약하고 거친 메모를 일관된 단락으로 변환하여 정책 및 보고서 작성을 향상시킬 수 있다.

임상 의사 결정 지원과 공중보건 정책 시뮬레이션

공중보건 정책 분야에서 생성형 AI는 복잡한 정책 결정 과정을 혁신적으로 지원한다. 전통적인 정책 수립 방식이 과거 데이터와 전문가 경험에 크게 의존했던 것과 달리, 생성형 AI는 방대한 실시간 데이터와 시뮬레이션 기능을 활용해 다양한 정책 시나리오의 잠재적 결과를 예측할 수 있다. 이는 정책의 품질, 안정성, 유지 보수, 에너지 효율성 및 수율에 대한 개선 사항을 파악하는 데 활용될 수 있으며, 공중보건 정책의 신속한 평가와 수정, 효과 예측에 기여하고 있다(AI타임스, 2024; 한국보건산업진흥원, 2024). 예를 들어 특정 감염병 발생 시 봉쇄 조치, 백신 접종률 목표, 의료 자원 배분 등의 정책이 인구 이동, 경제 활동, 질병 확산 속도에 미치는 영향을 AI가 가상 환경에서 시뮬레이션하여 최적의 정책 조합을 도출할 수 있다.

이러한 AI의 역량은 공중보건 개입의 효과를 예측하고, 제한된 자원(예: 백신, 병상, 의료 인력)을 최적화하며, 다양한 정책 시나리오의 잠재적 영향을 평가하는 데 매우 유용하다(Panteli et al., 2025; HIMSS, 2025). 특히 팬데믹과 같은 급박한 공중보건 위기 상황에서 AI 기반 시뮬레이션은 신속하고 과학적인 의사 결정을 가능하게 한다.

영국 임페리얼 칼리지 런던(Imperial College London) 연구팀은 COVID-19 팬데믹 초기부터 역학 모델링과 인공지능적 접근을 결합하여 다양한 봉쇄 정책(비약물적 개입, NPIs)의 효과를 시뮬레이션하였다. 이들은 인구 이동 데이터, 감염률 추이, 의료 시스템 부하 정보 등을 AI 모델에 입력하여 사회적 거리두기 강도, 학교 폐쇄, 재택근무 권고 등이 감염병 확산 속도와 중환자 발생률에 미치는 영향을 예측하였다(Ferguson et al., 2020). 이 연구 결과는 영국 정부의 팬데믹 대응 정책 수립에 중요한 과학적 근거를 제공하였으며, AI가 국가적 보건 위기 관리의 핵심 도구로 활용될 수 있음을 입증하였다. 이 모델은 특히 '예측적 거버넌스'의 중요성을 부각시키며, AI가 정책 결정자에게 미래를 내다보는 통찰력을 제공할 수 있음을 입증해 보였다.

우리나라의 경우 질병관리청(KDCA)은 2023년부터 'AI 기반 감염병 예측 및 대응 시스템'을 고도화하여 운영하고 있다(질병관리청, 2024). 이 시스템은 국내외 감염병 발생 데이터, 인구 이동량, 기후, 다양한 보건의료 빅데이터를 통합 관리하고, AI 및 빅데이터 분석을 통해 감염병 확산 위험도를 예측한다. 실제로 딥러닝 기반 시계열 예측 모델(RNN, LSTM 등)을 포함한 다양한 AI 모델이 국내 감염병(인플루엔자, COVID-19 등) 확산 예측에 활용되고 있으며, 예측 정확도 향상과 실시간 분석을 위해 데이터 소스가 지속적으로 확대되고 있다. 이 예측 결과는 방역 정책 수립(마스크 착용 의무화 해제, 백신 접종 캠페인, 선별 진료소 운영 등)에 참고자료로 제공되어, 중앙정부와 지방자치단체의 실무적 의사 결정에 직접적으로 활용되고 있다.

또한 AI는 공중보건 위기 상황에 효과적으로 대응하기 위한 지역 보건 의료기관의 기능 개편 방향과 변화 지점을 제안하는 데 기여할 수 있다(보건복지부, 2025). 예를 들어, 특정 지역의 감염병 확산 위험이 높아질 경우, AI는 해당 지역의 의료 자원(음압 병상, 의료 인력) 현황과 인구 밀도를 고려하여 가장 효율적인 자원 배분 계획과 비상 대응 지침을 제안하는 데 활용된다. 이러한 시스템은 AI가 공중보건 정책의 효과를 극대화하고, 자원 낭비를 줄이며, 국민 건강 보호에 기여하는 실질적인 도구임을 보여 준다.

참고문헌

개인정보보호위원회(2024.12.18). "합성데이터 생성·활용 안내서 마련".
https://www.pipc.go.kr/np/cop/bbs/selectBoardArticle.do?bbsId=BS074&mCode=C020010000&nttId=10871

보건복지부(2025.3.19). "지역·필수의료 강화를 위한 의료개혁 2차 실행방안 발표". 보도자료.
https://www.mohw.go.kr/board.es?mid=a10503010200&bid=0027&act=view&list_no=1485027&tag=&nPage=1

전자신문(2025.4.22). ""AI 시대 부합하는 국민 건강 소통 전략 필요"… 질병관리청, 소통자문단 의견 수렴".
https://www.etnews.com/20250422000261

질병관리청(2024.11.29). "감염병 데이터를 활용한 분석·예측 심포지엄 개최".
https://27.101.223.253/gallery.es?mid=a20502010000&bid=0025&list_no=146775&act=view

질병관리청(2025.4.22). "인공지능(AI) 시대, 국민 맞춤 소통을 위한 전략 강화 필요". 보도자료.
https://27.101.223.253/board/board.es?mid=a20501010000&bid=0015&list_no=727617&cg_code=&act=view&nPage=1&newsField=

한국바이오협회(2024). "생성형 AI, 헬스케어 산업의 미래". 《바이오이코노미 브리프》, 193.
https://www.koreabio.org/board/download.php?board=Y&bo_table=brief&file_name=b_file_1730264362yawup6088w.pdf&o_file_name=%5B%EB%B8%8C%EB%A6%AC%ED%94%84193%5D+%EC%83%9D%EC%84%B1%ED%98%95+ai%2C+%ED%97%AC%EC%8A%A4%EC%BC%80%EC%96%B4+%EC%82%B0%EC%97%85%EC%9D%98+%EB%AF%B8%EB%9E%98.pdf

한국보건산업진흥원(2024.4.15). 《글로벌 보건산업 동향》, 507.

https://www.medicalkorea.or.kr/comm/getFile?srvcId=GHI_GLOBAL_TREND&upperNo=96&fileTy=ATTACH&fileNo=1

한국지능정보사회진흥원(2024). "키워드 분석으로 살펴본 2024년 AI 주요 트렌드". 《AI@Data Report》, 2024-5. https://www.nia.or.kr/common/board/Download.do?bcIdx=27632&cbIdx=39485&fileNo=1

AI타임스(2020.7.6). "KISTI, AI가 읽어주는 'ScienceON 논문 요약 서비스' 개시". https://www.aitimes.com/news/articleView.html?idxno=130200

AI타임스(2024.9.6). "복지부, '의료 AI 연구개발 로드맵'". https://www.aitimes.com/news/articleView.html?idxno=163152

Bharel, M. et al.(2024). Transforming public health practice with generative artificial intelligence. *Health Affairs, 43*(6), 00050. https://doi.org/10.1377/hlthaff.2024.00050

Ferguson, N. M. et al.(2020). Impact of non-pharmaceutical interventions (NPIs) to reduce COVID19 mortality and healthcare demand. Imperial College London. https://doi.org/10.25561/77482

Gartner(2022). Gartner Top 10 Strategic Technology Trends for 2023. https://www.gartner.com/en/articles/gartner-top-10-strategic-technology-trends-for-2023

HIMSS(2025.4.1). AI in Healthcare: Key AI Trends & Takeaways from HIMSS25. https://www.himssconference.com/ai-in-healthcare-key-trends-takeaways-from-himss-2025/

John Snow Labs(2025.6.6). Generative AI in Healthcare: Use Cases, Benefits, and Challenges.
https://www.johnsnowlabs.com/generative-ai-healthcare/

Kaushal, M.(2025). How Voice AI in Healthcare is Reducing Clinician Burnout? INFUTRIX.
https://infutrix.com/blog/how-voice-ai-in-healthcare-is-reducing-clinician-burnout

Lakshminarasimhan, J.(2024). How AI-Powered Ambient Listening Is Transforming Clinical Documentation. HIT Consultant.
https://hitconsultant.net/2024/10/15/ai-powered-ambient-listening-clinical-documentation/

MacKay, M.(2025). Exploring the future of generative AI in public health practice. Centre for International Governance Innovation.
https://www.cigionline.org/publications/exploring-the-future-of-generative-ai-in-public-health-practice/

Panteli, D. et al.(2025). Artificial intelligence in public health: promises, challenges, and an agenda for policy makers and public health institutions. *Lancet Public Health, 10*(5), e428~e432. doi: 10.1016/S2468-2667(25)00036-2.

RTI International(2025.3.17). Harnessing Generative Artificial Intelligence (AI) Across the Communication Lifecycle.
https://www.rti.org/insights/AI-in-health-communications

Signify Research(2024). Healthcare Generative AI News Round Up – March 2024.
https://www.signifyresearch.net/insights/healthcare-generative-ai-news-round-up-march-2024/

Unell, A. et al.(2025). Real-world usage patterns of large language models in healthcare. medRxiv. https://doi.org/10.1101/2025.05.02.25326781

Walker, H.(2025.11.6). AI and the Next Frontier of Clinical Trial Efficiency. Evestia Clinical. https://evestiaclinical.com/articles/ai-and-the-next-frontier-of-clinical-trial-efficiency/

07
공중보건 정책과 전략에 AI 접목하기

AI는 실시간 데이터 분석으로 질병 감시와 조기 경보 시스템을 혁신해 공중보건 위협에 신속히 대응할 수 있게 한다. 또한 근거 기반 정책 결정, 자원 배분 최적화, 건강 불평등 해소, 팬데믹 대비 등에서 핵심 역할을 하며, 의료의 효율성과 형평성, 국가의 감염병 대응 역량을 크게 높인다.

AI와 애니메이션?

공중보건 정책은 사회 전체의 건강을 좌우하는 중요한 나침반이다. 이 나침반이 정확한 방향을 가리키려면 방대한 데이터와 첨단 분석 기술이 필수적이다. 인공지능은 이제 이 나침반의 정밀도를 높이고, 정책 결정자들이 미래를 예측하며 최적의 전략을 수립하도록 돕는 핵심 도구로 부상하고 있다. 이 장에서는 AI가 공중보건 정책과 전략에 어떻게 접목되어 사회 전체의 건강을 증진하는지 살펴본다.

AI 기반 질병 감시 및 조기 경보 시스템 구축

인공지능은 질병 감시 및 조기 경보 시스템 구축에 혁명적인 변화를 가져오고 있다. AI 시스템은 실시간으로 다양한 데이터 소스를 지속적으로 분석하여 질병 발생의 이상 징후를 감지하고 예측할 수 있다(Villanueva- Miranda et al., 2025; Panteli et al., 2025). 이는 전통적인 감시 시스템의 한계를 보완하여 공중보건 위협에 신속하고 효율적으로 대응할 수 있게 한다(Omale et al., 2025).

미국 질병통제예방센터(CDC)는 COVID-19 및 인플루엔자의 유행 추세 증가를 보고하며, 감염병 감시에서 AI 및 자동화 시스템의 중요성을 지속적으로 강조하고 있다. 전자 사례 보고(eCR, electronic case reporting)는 CDC의 데이터 현대화(Data Modernization Initiative)의 핵심 사업으로, 의료기관에서 발생한 감염병 사례 정보를 자동으로 공중보건 당국에 전송하는 시스템이다(Knicely et al, 2024). 이러한 eCR 시스템은 수동 보고에 비해 훨씬 빠르고, 데이터의 완전성 · 정확성도 높으며, 실시간 감시 및 조기 경보에 기여하고 있다. AI 및 빅데이터 분석 기술은 eCR 등에서 수집된 대규모 임상 데이터를 활용해 감염병의 이상 징후를 조기에 감지하고, 지역별 위험도를 예측하는 데 실제로 활용되고 있다(Racine, 2025).

캐나다의 BlueDot은 AI 기반 감염병 조기 경보 시스템의 선구적인 사례로 꼽힌다. BlueDot은 전 세계 항공권 판매 데이터, 동물 질병 보고, 비공식 뉴스 및 소셜 미디어 정보 등 100개 이상의 데이터 소스를 AI 알고리즘으로 분석해 감염병 발생 징후를 탐지한다. 이 플랫폼은 2019년 12월, 중국 우한에서 발생한 원인 불명의 폐렴 사례를 세계보건기구(WHO)보다 먼저 감지하여 COVID-19 팬데믹의 초기 경고를 제공한 것으로 유명하다(Allam et al., 2020; MacIntyre et al., 2023). 이는 AI가 비정형 · 비전통적 데이터 소스에서 유의미한 정보를 추출해 글로벌 공중보건 위협에 선제적으로 대응할 수 있음을 보여 준다.

유럽 질병예방통제센터(European Centre for Disease Prevention and Control, ECDC) 또한 AI를 활용한 감염병 감시를 강화하고 있다. ECDC는 유럽연합(EU) 회원국들의 감염병 데이터를 통합하고, AI 기반 시뮬레이션 모델을 사용하여 인플루엔자, 결핵, HIV 등 주요 감염병의 유행 패턴을 분석하며, 미래 확산 시나리오를 예측한다. 이러한 예측 정보는 EU 차원의 공중보건 정책 수립과 회원국 간 자원 배분 협력에 중요한 근거를 제공한다(Kokki & Ammon, 2023).

호주의 FluTracking 시스템은 시민 참여형 감시의 좋은 예다. 이 시스템은 매주 수만에서 수십만 명의 자원자들이 온라인으로 자신의 독감 유사 증상을 보고하면, AI 통계적 모델링과 데이터 통합 분석을 통해 지역별 독감 활동 수준과 유행 추세를 예측한다. 이 데이터는 호주 보건 당국의 공식 인플루엔자 감시 보고와 정책 결정(예: 백신 접종 캠페인 시기, 자원 배분 등)에 활용되고 있다(Carlson et al., 2023; Dalton et al., 2017).

이러한 다양한 발전은 AI가 공중보건 위협을 조기에 탐지하고 선제적으로 대응하는 데 필수적인 역할을 수행하고 있음을 명확히 보여 준다. AI 기반 감시 체계는 많은 양의 복잡한 데이터를 관리하고, 인간의 분석 능력을 보완하며, 공중보건 정책의 효과성을 극대화하는 데 기여하고 있다.

AI 기반 근거 중심 공중보건 정책 결정 및 자원 배분 최적화

AI는 방대한 양의 데이터를 분석하고 패턴을 식별하며 예측 모델을 생성하여 정책 결정자에게 실시간 통찰력을 제공한다. 이를 통해 공중보건 정책의 효과를 시뮬레이션하고, 다양한 개입 시나리오의 잠재적 영향을 평가하며, 가장 효과적인 전략을 식별할 수 있다(Li et al., 2025).

또한 AI는 의료 시스템의 자원 활용을 최적화하고 비용을 절감하는 데 도움을 줄 수 있다(Jiang et al., 2017). 예를 들어 AI 기반 도구는 의료진의 업무 부담을 줄이고, 약물 개발을 가속화하며, 임상 진단을 개선하여 궁극적으로 효율성을 높이고 환자 치료 및 결과를 향상시킨다. AI는 의료 인력 부족 문제를 해결하고, 의료 전문가들이 환자에 더 집중할 수 있도록 반복적인 행정 업무를 자동화하는 데 기여할 수 있다(Bajwa et al., 2021). 이러한 AI의 활용은 의료 시스템의 운영 효율성을 높이고 제한된 자원을 보다 효과적으로 배분하는 데 중요한 역할을 한다.

선진국의 AI 기반 자원 배분 및 정책 최적화 사례를 살펴보면, 미국에서는 질병통제예방센터(CDC)와 협력하여 AI 기반 모델을 통해 인플루엔자 백신 배분을 최적화하는 연구가 진행되었다(Standaert et al., 2020). 이 연구는 과거 인플루엔자 유행 패턴, 인구 밀도, 지역별 의료 자원 현황, 그리고 사회 경제적 취약성 데이터를 AI 모델에 입력하여, 백신 접종률을 극대화하고 질병 확산을 최소화할 수 있는 최적의 백신 배분 전략을 도출하였다. 이 모델은 특히 고위험군 인구가 밀집된 지역에 백신을 우선적으로 공급함으로써, 공중보건 효과를 높이는 데 기여했다. 또한 핀란드에서는 머신러닝(ML) 기반 시뮬레이션 모델을 사용하여 의료비 지출을 예측하고, 특정 질환 예후에 대한 위험 지표들의 기여도를 평가하는 연구가 진행된 바 있다(Hautala et al., 2023). 한편 네덜란드에서는 대규모 정신건강 관리 기관의 행정 데이터를 활용한 머신러닝 모델로 미래 서비스 이용량을 예측하고, 이를 기반으로 정책적 의사 결정 및 자원 배분에 활용하는 사례가 보고되었다(van Mens et al., 2022).

우리나라에서도 AI 기반 자원 배분 및 정책 최적화가 활발히 진행되고 있다. 보건복지부는 2023년부터 '스마트 병원 선도 모델 개발 지원 사업'을 통해 AI 기반 병원 운영 최적화를 적극적으로 추진하고 있다(파이낸셜뉴스, 2024; 강희정, 2024). 실제로 일부 상급 종합병원에서는 AI를 활용해 병상 운영 효율화, 수술실 가동률 최적화, 의료 인력 근무 스케줄 조정 등 다양한 시스템을 도입하고 있다(스마트병원 확산지원센터, 2025). AI는 과거 입·퇴원 데이터, 수술 일정, 의료진 근무 패턴 등을 분석하여 병상 배정, 수술 스케줄, 인력 배치의 최적안을 제안하고, 이를 통해 환자 대기 시간 감소, 운영 비용 절감, 의료진 피로도 완화 등 긍정적 효과가 보고되고 있다(이돈희, 2024).

또한 국민건강보험공단(NHIS)은 방대한 건강보험 청구 및 건강 검진 데이터를 기반으로 빅데이터 및 AI 분석을 적극적으로 도입하고 있다. 실제로 NHIS 데이터는 의료비 지출 예측, 고비용 환자 예측, 만성질환 관리 효과 평가, 정책 시뮬레이션 등에 활용되고 있다(Ahn, 2020; Choi et al., 2022). 이러한 빅데이터 및 AI 분석은 건강보험 재정의 건전성 확보와 효율적 자원 배분, 만성질환 관리 사업의 효과적 운영에 실질적으로 기여하고 있다.

이러한 국내외 사례들은 AI가 공중보건 정책 수립과 의료기관의 운영 효율성 향상 및 자원 배분 최적화에 핵심적인 도구로 자리매김하고 있음을 보여 준다.

AI를 통한 건강 불평등 해소 및 팬데믹 대비·대응 전략

AI는 건강 불평등 해소와 팬데믹 대비 · 대응 전략에도 중요한 역할을 할 수 있다. AI 기술은 지리적 장벽을 넘어 전문 의료 지식을 확장하고, 소외된 지역의 의료 접근성을 향상시켜 보다 공평한 헬스케어 환경을 조성할 수 있다(Harvard Medical School, 2025). 2025년에는 AI 기반 가상 진료 플랫폼이 지리적 경계를 넘어 전문 지식을 확장하는 표준이 될 것으로 예상되며, 이는 보다 공평한 헬스케어 환경을 조성할 것이다(Sathya et al., 2024).

영국 NHS AI Lab은 AI를 활용하여 건강 불평등을 줄이는 프로젝트를 진행하고 있다. 사회 경제적 데이터, 의료 서비스 이용 패턴, 건강 결과 등을 분석해 건강 격차가 큰 지역 · 집단을 식별하고, 해당 지역에 필요한 맞춤형 공중보건 개입 전략을 수립하는 데 AI 모델을 활용한다(Arora & Lawton, 2024).

싱가포르는 국가감염병센터(NCID)와 과학기술연구청(A*STAR) 등 기관 협력을 통해 중앙화된 데이터 통합, 실시간 모니터링, 병상 및 자원 배분, 공급망 관리 등 다양한 디지털 기반 대응 시스템을 구축했다. 실제로 병상 운영, 중환자실 가동률, 의료 물품(마스크, 진단키트 등) 재고 관리, 의료 인력 재배치 등은 모두 중앙 통제 시스템과 데이터 기반 의사 결정에 의해 이루어졌다(Seah et al., 2023).

세계보건기구(WHO)는 AI를 포함한 디지털 기술의 잠재력을 활용하여 건강 불평등을 해소하려는 노력을 지속하고 있다. 또한 WHO는 2021년 AI의 윤리적 원칙, 도전 과제, 거버넌스 전략, 권고 사항 등을 담은 지침을 발표하고, 회원국들의 윤리적인 AI 구현을 지원하는 글로벌 워크숍을 개최하는 등 AI의 책임 있는 사용을 강조하고 있다(WHO, 2021).

AI는 팬데믹과 같은 공중보건 비상사태에 대한 선제적 대비 및 대응 역량을 강화한다. AI는 질병 발생 예측, 진단 가속화, 약물 및 백신 개발 최적화, 그리고 실시간 의사 결정 지원을 통해 감염병 발생의 모든 단계에서 중요한 역할을 수행한다. 예를 들어, AI는 예측 모델을 생성하여 접촉 추적 및 감시 노력을 지원하고, 소셜 미디어 활동, 모바일 데이터, 여행 기록, 유전체 데이터 등 다양한 데이터 소스를 통합 분석하여 클러스터, 고위험 지역 및 발병 핫스팟을 효과적으로 식별한다. 이러한 AI의 활용은 국가의 감염병 대응 역량을 제고하고, 신속한 백신 공급을 통해 팬데믹 피해를 줄이는 데 기여할 수 있다.

참고문헌

강희정(2024.1). "2024년 보건의료 정책 전망과 과제". 《보건복지포럼》, 327, 9~24쪽. doi: 10.23062/2024.01.2.

이돈희(2024). "인공지능(AI) 기반 애플리케이션 도입이 의료기관의 운영효율성을 향상시킬까?: 기회와 도전". 《품질경영학회지》, 52(3), 557~574쪽. https://dx.doi.org/10.7469/JKSQM.2024.52.3.557

파이낸셜뉴스(2024.1.7). "안전하고 편리하게… '환자중심 의료 서비스' 선도하는 스마트병원 [신년기획 2024 K-엔진을 다시 켜라]". https://news.nate.com/view/20240107n12623

KHIDI 스마트병원 확산지원센터. "선도모델 개발 지원". https://www.khidi.or.kr/board?menuId=MENU03336

Ahn, E.(2020). Introducing big data analysis using data from National Health Insurance Service. *Korean journal of anesthesiology, 73*(3), pp.205~211. doi: 10.4097/kja.20129.

Allam, Z. et al.(2020). Artificial Intelligence (AI) Provided Early Detection of the Coronavirus (COVID-19) in China and Will Influence Future Urban Health Policy Internationally. *AI, 1*(2), pp.156~165. https://doi.org/10.3390/ai1020009

Arora, A. & Lawton, T.(2024). Artificial intelligence in the NHS: Moving from ideation to implementation. *Future healthcare journal, 11*(3), 100183.

Bajwa, J. et al.(2021). Artificial intelligence in healthcare: transforming the practice of medicine. *Future healthcare journal, 8*(2), e188~e194. doi: 10.7861/fhj.2021-0095.

Carlson, S. J. et al.(2023). FluTracking: Weekly online community-based surveillance of influenza-like illness in Australia, 2019 Annual Report. *Communicable diseases intelligence(2018), 47*. doi: 10.33321/cdi.2023.47.14.

Choi, Y. et al.(2022). Development and Evaluation of Machine Learning-Based High-Cost Prediction Model Using Health Check-Up Data by the National Health Insurance Service of Korea. *International Journal of Environmental Research and Public Health, 19*(20), 13672. https://doi.org/10.3390/ijerph192013672

Dalton, C. et al.(2017). Insights From Flutracking: Thirteen Tips to Growing a Web-Based Participatory Surveillance System. *JMIR Public Health and Surveillance, 3*(3), e48. doi: 10.2196/publichealth.7333.

Harvard Medical School(2025.4.7). AI Implications for Health Equity: Shaping the Future of Health Care Quality and Safety. https://learn.hms.harvard.edu/insights/all-insights/ai-implications-health-equity-shaping-future-health-care-quality-and-safety

Hautala, A. J. et al.(2023). Machine learning models in predicting health care costs in patients with a recent acute coronary syndrome: A prospective pilot study. *Cardiovascular Digital Health Journal, 4*(4), pp.137~142. https://doi.org/10.1016/j.cvdhj.2023.05.001

Jiang, F. et al.(2017). Artificial intelligence in healthcare: past, present and future. *Stroke and Vascular Neurology, 2*(4), pp.230~243. https://doi.org/10.1136/svn-2017-000101

Knicely, K. et al.(2024). Electronic Case Reporting Development,

Implementation, and Expansion in the United States. *Public health reports, 139*(4), pp.432~442. doi: 10.1177/00333549241227160.

Kokki, M. & Ammon, A.(2023). Preparing Europe for future health threats and crises – key elements of the European Centre for Disease Prevention and Control's reinforced mandate. *Euro Surveill, 28*(3), 2300033. doi: 10.2807/1560-7917.ES.2023.28.3.2300033.

Li, Z. et al.(2025). Machine learning and public health policy evaluation: research dynamics and prospects for challenges. *Frontiers in Public Health, 13*, 1502599. doi: 10.3389/fpubh.2025.1502599.

MacIntyre, C. R. et al.(2023). Artificial intelligence in public health: the potential of epidemic early warning systems. *The Journal of international medical research, 51*(3), 3000605231159335. doi: 10.1177/03000605231159335.

Omale, L. E. et al.(2025). Transformative applications of Artificial Intelligence in infectious disease forecasting and public health decision support systems. *World Journal of Advanced Research and Reviews, 25*(03), pp.2250~2258. https://doi.org/10.30574/wjarr.2025.25.3.1002

Panteli, D. et al.(2025). Artificial intelligence in public health: promises, challenges, and an agenda for policy makers and public health institutions. *Lancet Public Health, 10*(5), e428~e432. doi: 10.1016/S2468-2667(25)00036-2.

Racine, J.(2025). Is Our Public Health Data and Analytics Infrastructure Ready for the Next Threat?. Innovaccer. https://innovaccer.com/resources/blogs/is-our-public-health-data-analytics-infrastructure-ready-for-next-threat

Sathya, M. et al.(2024). Shaping The Future of Healthcare with Artificial Intelligence: Current Trends and Beyond. *African Journal of Biomedical Research, 27*(4s), pp.9986~9992. https://doi.org/10.53555/AJBR.v27i4S.5590

Seah, B. Z. Q. et al.(2023). COVID-19 Close Contact Management: An Evolution of Operations Harnessing the Digital Edge. *Journal of Medical Systems, 47*(1), 24. https://doi.org/10.1007/s10916-023-01918-3

Standaert, B. et al.(2020). Constrained Optimization for the Selection of Influenza Vaccines to Maximize the Population Benefit: A Demonstration Project. *Applied health economics and health policy, 18*(4), pp.519~531. doi: 10.1007/s40258-019-00534-y.

van Mens, K. et al.(2022). Predicting Future Service Use in Dutch Mental Healthcare: A Machine Learning Approach. *Administration and Policy in Mental Health and Mental Health Services Research, 49*(1), pp.116~124. https://doi.org/10.1007/s10488-021-01150-6

Villanueva-Miranda, I. et al.(2025). Artificial intelligence in early warning systems for infectious disease surveillance: A systematic review. *Frontiers in Public Health, 13*, 1609615. https://doi.org/10.3389/fpubh.2025.1609615

WHO(2021). Ethics and governance of artificial intelligence for health: WHO guidance. https://www.who.int/publications/i/item/9789240029200

08
인공지능과 의료 데이터 보안

AI는 의료 데이터의 보안을 강화하며, 이상 탐지 시스템을 통해 데이터 유출을 방지하는 데 기여한다. 앞으로 블록체인과 결합해 데이터 무결성을 확보하고, 암호화 및 비식별화로 개인정보를 보호하며, GDPR, HIPAA 등 규제 준수를 통해 안전한 AI 활용을 보장해야 한다.

AI와 인재 채용?

인공지능 시대의 도래는 의료 데이터 활용의 무한한 가능성을 열었지만, 동시에 새로운 보안 위협과 개인정보 침해의 위험을 증폭시키고 있다. 이 장에서는 AI가 어떻게 의료 데이터 보안의 최전선에서 활약하며, 우리의 소중한 건강 정보를 지키는 데 기여하는지 심층적으로 탐구한다.

AI 기반 이상 탐지 시스템을 통한 의료 데이터 유출 방지

의료 데이터는 환자의 민감한 정보를 포함하고 있어 강력한 보안이 필수적이다. 인공지능(AI)은 의료 데이터 보안을 강화하는 데 중요한 역할을 수행하며, 특히 이상 탐지 시스템을 통해 데이터 유출을 방지하는 데 기여한다. AI 기반 위협 탐지 시스템은 의료 환경에서 사이버 위협에 대한 보호 조치를 크게 강화한다. 병원이나 의료 기관에서 AI를 활용해 의료 데이터 보안을 강화하고 사이버 위협에 대응한 실제 사례는 최근 다양한 연구와 실증 프로젝트에서 확인되고 있다.

설명 가능한 AI를 활용한 병원 네트워크 악성 URL 탐지

한 연구에서는 병원 네트워크 보안을 위해 랜덤 포레스

트 기반의 AI URL 분류기와 설명 가능한 AI 도구(LIME, SHAP)를 결합해 악성 URL을 탐지했다. 이 시스템은 11만 개 이상의 URL 데이터를 학습하여 98.5%의 정확도와 1.0의 재현율을 달성해 낮은 오탐률을 유지하면서 악성 URL을 효과적으로 탐지할 수 있음을 보여 주었다(Karapiperis et al., 2025). 이는 실제 병원 보안 운영에 적용 가능한 고성능 AI 보안 솔루션의 사례다.

AI 기반 위협 인텔리전스와 실시간 위험 관리

AI 기반 위협 인텔리전스 플랫폼을 도입한 의료기관들은 머신러닝, 자연어 처리, 예측 분석을 활용해 실시간으로 위협을 탐지 · 분석 · 완화하고 있다. 실제 사례와 실험 결과에서 AI 시스템이 사이버 공격 예측, 대응 시간 단축, 운영 중단 최소화에 효과적임이 확인됐다(Islam et al., 2024).

AI 기반 침입 탐지 시스템(IDS)으로 의료 IoT 데이터 보호

의료기관에서 AI 기반 앙상블 학습 알고리즘인 스태킹(Stacking), 배깅(Bagging), 부스팅(Boosting) 모델을 활용해 의료 사물 인터넷(Internet of Medical Things, IoMT) 환경의 침입 탐지 성능을 대폭 향상시킨 연구가 있다(Alsolami et al., 2024). AI를 활용한 강력한 보안 솔루션은 환자 결과 개선 및 개인 맞춤형 진료와 같은 IoMT의 장점이 사이버 보안 위협으로부터 보호될 수 있도록 하는 중요한 수단이 된다.

블록체인 기술과의 융합을 통한 데이터 무결성 확보

AI와 블록체인 기술의 융합은 의료 데이터의 보안과 무결성을 강화하는 새로운 가능성을 제시한다. 블록체인은 분산원장기술(Distributed Ledger Technology, DLT)을 기반으로 데이터의 불변성과 투명성을 보장하며, 이는 의료 기록의 위변조를 방지하고 데이터의 신뢰성을 높인다. 의료 및 생명과학 분야에서 블록체인은 환자 데이터의 무결성, 투명성, 환자 추적, 동의 관리, 데이터 수집 자동화 등 다양한 영역에 적용되고 있다(Agbo et al., 2019).

2020년대 초반부터 미국 의료기관(병원, 공급자 등)에서 블록체인 기술의 잠재적 활용(의무 기록 보안, 지불 처리, 약물 추적 등)에 대한 관심이 급증했다(Hasselgren et al., 2020). Gartner, HIMSS, Deloitte 등 주요 컨설팅/리서치 기관의 2021～2023년 보고서에서는 "병원 · 의료기관의 10～20%가 블록체인 파일럿 또는 도입을 고려 중"

인 것으로 나타났다. 미국 의료계에서 블록체인 도입 논의의 핵심 분야는 의료 기록의 위변조 방지, 지불 처리의 투명성 · 효율성 개선, 약물 · 백신 · 의료기기 추적성 강화 등으로, 실제 IBM Watson Health, Change Healthcare 등은 블록체인 기반 의료 데이터 관리, 보험 청구, 공급망 관리 솔루션을 개발 · 시범 적용한 바 있다(Deloitte, n.d.). 블록체인 구현은 의료 분야에서 연간 1000억~1500억 달러의 비용 절감 효과를 가져올 것으로 추정된다(Bazel et al., 2025).

국내에서도 블록체인 기술을 활용하여 의료 데이터의 신뢰성과 무결성을 확보하려는 노력이 실증적인 단계로 진입하고 있다. 특히 서울아산병원의 비식별화된 임상 데이터 웨어하우스(CDW)를 활용한 연구에서는 이더리움(Ethereum) 기반의 프라이빗 블록체인 네트워크를 구축하여 개인건강기록(PHR)의 안정적인 저장과 전파 가능성을 검증하였다(Park et al., 2019). 이 시스템은 병원 노드와 환자 노드 간의 직접적인 트랜잭션을 통해 의료 기록의 위변조를 방지하고, 환자 주도의 투명한 데이터 관리가 가능한 기술적 토대를 마련하는 데 목적을 두었다. 연구 결과, 블록체인을 통한 PHR 데이터 교환의 타당성은 확인되었으나, 실질적인 임상 적용을 위해서는 트랜잭션당 데이터 크기 제한(64 KB)에 따른 처리 효율성 개선, 전파 속도의 최적화, 그리고 운영 비용 절감과 같은 기술적 보완이 필요함이 시사되었다. 이러한 연구 성과는 의료 데이터의 무결성을 보장하고 보안성이 강화된 데이터 공유 생태계를 구축하는 데 중요한 기초 자료가 되고 있다.

이러한 블록체인 인프라는 AI 기반 의료 데이터 분석의 신뢰성을 높이는 데 결정적인 시사점을 제공한다. AI 모델은 훈련 데이터의 품질과 무결성에 크게 의존하므로, 블록체인을 통해 확보된 위변조 방지 데이터는 AI 모델의 정확성과 신뢰성을 향상시키는 데 기여한다. 또한 환자의 데이터 활용 동의를 블록체인에 기록하고 관리함으로써, AI 연구를 위한 데이터 공유가 더욱 투명하고 윤리적으로 이루어질 수 있는 기반을 마련하였다. 이는 특히 민감한 의료 데이터를 활용하는 AI 연구에서 데이터 거버넌스와 환자 프라이버시 보호라는 두 가지 중요한 가치를 동시에 충족시키는 데 필수적이다. 궁극적으로 이러한 블록체인 기반의 데이터 무결성 확보 노력은 미래 AI 기반 정밀 의료 및 공중보건 연구의 신뢰성을 높이는 데 중요한 초석이 될 것이다.

암호화 및 비식별화 기술을 통한 개인정보 보호

AI 시대의 의료 데이터 개인정보 보호를 위해 암호화 및 비식별화 기술은 필수적인 전략이다. 암호화는 환자 정보가 무단으로 접근되지 않도록 안전하게 전송되도록 보장하며, AI는 사용자 신원을 확인하여 승인된 인력에게만 접근을 허용함으로써 인적 오류나 내부자 위협을 줄이는 데 효과적이다(Yadav et al., 2023). 이들 전략은 HIPAA, GDPR, NIST 등 국제 보건 데이터 보안 가이드라인에서도 필수로 권고되고 있다.

의료 데이터에는 보호 대상 건강 정보(PHI)와 개인 식별 정보(PII)가 포함되어 있다. 연구 목적으로 데이터를 활용할 때는, 데이터 보호 및 개인정보보호법(GDPR, HIPAA 등)에 따라 반드시 비식별화(De-identification) 과정을 거쳐야 한다. 비식별화는 환자 신원을 특정할 수 있는 정보를 제거하거나 마스킹해, 연구자들이 환자의 프라이버시를 침해하지 않고도 데이터에서 유의미한 건강 정보를 도출할 수 있도록 한다(Rothstein, 2010).

미국의 HIPAA(Health Insurance Portability and Accountability Act)와 같은 규정은 의료 데이터가 연구, 공유, AI 모델 학습 등 2차적으로 활용될 때, 환자 재식별 위험을 최소화하기 위해 18가지 식별자(Protected Health

Information, PHI)를 제거하도록 명확히 규정하고 있다. 이 지침을 따르면, 비식별화된 데이터는 더 이상 HIPAA 규제 대상이 아니며, 대규모 데이터 세트를 안전하게 활용할 수 있다. 실제로 이러한 비식별화 기준 덕분에 미국 내 의료기관과 연구기관은 환자 프라이버시를 보호하면서도 AI 모델 학습 등 다양한 연구에 의료 데이터를 활용할 수 있다. 최근에는 ChatGPT와 GPT-4가 다른 LLM에 비해 의료 데이터 비식별화에서 뛰어난 능력을 보인다는 연구 결과도 나왔다(Liu et al., 2023). LLM을 의료 텍스트 데이터에 적용하면 다양한 의료 상태에 대한 통찰력을 얻을 가능성이 크며, 의료 영상 데이터와 같은 다른 양식과의 미래 통합 잠재력도 상당하다고 한다.

합성 데이터(synthetic data) 생성은 실제 환자 데이터의 통계적 속성을 모방하면서 민감한 정보를 포함하지 않는 인공 데이터를 생성하여 데이터 희소성 및 개인정보 보호 문제를 해결하는 유망한 솔루션으로 부상하고 있다(Mendes et al., 2025). 이는 개인정보 침해 없이 데이터 공유 및 분석을 가능하게 하고, 데이터 희소성 극복 및 잠재적 편향 완화에 유용하다. 합성 데이터 활용 사례를 살펴보면, AI 모델 훈련, 임상 시험 시뮬레이션, 그리고 국경 간 협력을 촉진하는 데 기여한다(Mendes et al.,

2025).

영국 NHS AI Lab은 의료 영상 데이터의 프라이버시 문제와 희귀 질환 데이터 부족을 해결하기 위해 합성 의료 영상 데이터를 생성하여 AI 진단 모델 훈련에 활용하고 있다(NHS AI Lab Skunkworks, n.d.). 이들은 실제 환자 정보 노출 없이 AI 모델의 성능을 향상시키고, 특히 희귀 암과 같은 진단이 어려운 분야에서 AI의 학습 데이터를 확보하는 데 기여한다. 국내 AI 헬스케어 기업인 루닛(Lunit)은 흉부 X-ray나 유방 촬영술 영상 분석 AI 모델 개발 과정에서 합성 의료 영상 데이터를 적극적으로 활용한다(루닛, 2023a; 루닛, 2023b). 이 기업은 실제 환자 영상 데이터의 통계적 특성을 반영하여 다양한 질병 특징(예: 폐 결절의 크기, 형태, 위치 변화)을 가진 합성 이미지를 생성하고, 이를 AI 진단 모델의 학습 데이터로 활용하여 모델의 정확도와 일반화 능력을 높이고 있다. 이는 민감한 환자 정보 유출 없이도 대규모의 고품질 학습 데이터를 확보할 수 있는 효율적인 방법론으로 평가된다.

다수의 리뷰 논문과 업계 보고서에 따르면, 사노피, 노바티스, 로슈, 화이자 등 글로벌 제약사들은 합성 데이터와 가상 임상 시험(In Silico Clinical Trials, ISCT)을 신약 개발에 도입하고 있다. 합성 환자 데이터는 실제 환자

코호트의 인구 통계, 질병 진행, 치료 반응 등 특성을 모방해 생성된 인공 데이터로, 신약의 효능 · 안전성 예측, 임상 시험 설계 최적화 등에 활용된다(Simalatsar, 2023). 가상 임상 시험은 실제 환자 대신 컴퓨터 시뮬레이션 기반의 가상 환자군을 활용해 신약 개발의 여러 단계를 가속화하고 비용과 위험을 줄이는 전략이다. FDA, EMA 등 규제 기관도 가상 임상 시험과 합성 데이터 활용 등 혁신적 방법론을 공식적으로 인정하고 있으며, 실제 신약 승인 과정에서 활용된 사례가 증가하고 있다(Chen et al., 2025).

유럽 보건 데이터 공간(European Health Data Space, EHDS)은 EU 내에서 건강 데이터의 안전한 교환과 연구 · 혁신 목적의 2차적 활용(secondary use)을 촉진하기 위한 대규모 정책으로, 직접적인 민감 데이터 공유의 복잡성과 법적 제약을 줄이기 위해 합성 데이터를 보완적으로 활용하여 국경 간 의료 연구 협력을 촉진한다(Proso, 2024). 실제 환자 데이터를 직접 공유하는 것은 개인정보 보호법과 국가 간 규제 차이로 인해 매우 어렵기 때문에 합성 데이터를 생성 · 교환하여 AI 모델을 공동 개발 · 검증하는 연구 협력 방식이 활발히 논의되고 있다. 이 방식은 희귀 질환 등 데이터가 부족한 분야에서 특히 유용하며, 글로벌 공중보건 문제 해결에 크게 기여할 수 있을 것이다.

GDPR 및 HIPAA와 같은 규제 준수 방안

의료 데이터 보안 및 개인정보 보호는 GDPR(General Data Protection Regulation) 및 HIPAA(Health Insurance Portability and Accountability Act)와 같은 엄격한 규제 프레임워크의 준수를 요구한다. HIPAA는 보호 대상 건강 정보(PHI)를 보호하기 위한 국가 표준을 설정하며, AI 시스템이 PHI를 처리할 때 이러한 규정을 준수해야 한다(Neupane et al., 2025). AI 도구는 HIPAA가 허용하는 목적에 한해서만 PHI에 접근, 사용 및 공개할 수 있으며, '최소 필수 기준'을 준수하여 목적에 필요한 최소한의 PHI만 사용해야 한다.

최근 몇 년간 미국 보건 IT 업계와 정책 논의에서는 HIPAA 보안 규정의 강화 필요성, '입증된 준수(demonstrated compliance)' 요구, 실시간 모니터링, 정기적 위험 평가 도입 필요성이 반복적으로 거론되고 있다(Gundla, 2025).

GDPR 또한 기업이 보건 의료 데이터(소프트웨어 또는 기술 포함)를 처리하기 위한 법적 근거를 갖추고 정해진 기준을 준수하도록 규정하고 있으며, 규정 미준수 시 벌금 또는 법적 처벌을 받을 수 있다. 가령 GDPR 미준수 시, 유럽연합 내 감독 기관은 기업에 최대 2000만 유로 또는 전 세계 연간 매출의 4% 중 더 큰 금액까지 벌금을 부과할 수 있다. 실제로 GDPR 시행 이후 다수의 기업이 의료 데이터 보호 미흡, 동의 절차 위반 등으로 벌금 처분을 받은 사례가 있다(Ruohonen & Hjerppe, 2021).

이렇듯 규제 환경은 의료 AI의 안전하고 윤리적인 배포를 보장하기 위해 강력한 데이터 거버넌스, 투명성, 편향성 완화, 그리고 사이버 보안 강화를 필수적으로 요구하고 있다(Yadav et al., 2023).

참고문헌

루닛(2023a). "루닛 인사이트 CXR".
https://www.lunit.io/ko/products/lunit-insight-cxr

루닛(2023b). "루닛 인사이트 MMG".
https://www.lunit.io/ko/products/lunit-insight-mmg

Agbo, C. C. et al.(2019). Blockchain technology in healthcare: A systematic review. *Healthcare, 7*(2), 56.
https://doi.org/10.3390/healthcare7020056

Alsolami, T. et al.(2024). Enhancing Cybersecurity in Healthcare: Evaluating Ensemble Learning Models for Intrusion Detection in the Internet of Medical Things. *Sensors, 24*(18), 5937. https://doi.org/10.3390/s24185937

Bazel, M. A. et al.(2025). Blockchain technology adoption in healthcare: an integrated model. *Scientific Reports, 15*(1), 14111. https://doi.org/10.1038/s41598-025-95253-x

Chen, B. et al.(2025). In silico clinical trials in drug development: a systematic review. https://arxiv.org/pdf/2503.08746v2

Deloitte(n.d.). Blockchain in health and life insurance: Turning a buzzword into a breakthrough. https://www.deloitte.com/us/en/Industries/life-sciences-health-care/articles/blockchain-in-insurance.html

Gundla, V. M.(2025). Transforming Healthcare Compliance: Emerging Technologies in Data Engineering and AI. *European Journal of Computer Science and Information Technology, 13*(16), pp.25~33. https://doi.org/10.37745/ejcsit.2013/vol13n162533

Hasselgren, A. et al.(2020). Blockchain in healthcare and health sciences — A scoping review. *International Journal of Medical Informatics, 134*, 104040. https://doi.org/10.1016/j.ijmedinf.2019.104040

Islam, S. A. M. et al.(2024). AI-Powered Threat Intelligence: Revolutionizing Cybersecurity with Proactive Risk Management for Critical Sectors. *Journal of Artificial Intelligence General Science(JAIGS), 7*(1). https://doi.org/10.60087/jaigs.v7i01.291

Karapiperis, D. et al.(2025). Explainable AI for URL Threat Detection in Healthcare Cybersecurity: A Case Study Using LIME and SHAP. In Mantas, J. et al.(eds.). *Global Healthcare Transformation in the Era of Artificial Intelligence and Informatics*, pp.246~250. IOS Press. https://doi.org/10.3233/SHTI250712

Liu, Z. et al.(2023). DeID-GPT: Zero-shot Medical Text De-Identification by GPT-4. https://arxiv.org/pdf/2303.11032v2

Mendes, J. M. et al.(2025). Synthetic data generation: a privacy-preserving approach to accelerate rare disease research. *Frontiers in Digital Health, 7*, 1563991. https://doi.org/10.3389/fdgth.2025.1563991

Neupane, S. et al.(2025). Towards a HIPAA Compliant Agentic AI System in Healthcare. https://arxiv.org/pdf/2504.17669v2

NHS AI Lab Skunkworks(n.d.). Synthetic Data Generation Pipeline. https://nhsx.github.io/skunkworks/synthetic-data-pipeline

Park, Y. R. et al.(2019). Is Blockchain Technology Suitable for Managing Personal Health Records? Mixed-Methods Study to Test Feasibility. *Journal of Medical Internet Research, 21*(2), e12533. https://doi.org/10.2196/12533

Proso, M.(2024). Digital Transformation of Health: Towards the European Health Data Space. *Medicine, Law & Society, 17*(1), pp.153~170. https://doi.org/10.18690/mls.17.1.153-170.2024

Rothstein, M. A.(2010). Is deidentification sufficient to protect health privacy in research?. *The American journal of bioethics, 10*(9), pp.3~11. https://doi.org/10.1080/15265161.2010.494215

Ruohonen, J. & Hjerppe, K.(2021). The GDPR Enforcement Fines at Glance. *Information Systems, 106*, 101876, pp.1~11. https://doi.org/10.1016/j.is.2021.101876

Simalatsar, A.(2023). Synthetic biomedical data generation in support of In Silico Clinical Trials. *Frontiers in Big Data, 6*, 1085571. https://doi.org/10.3389/fdata.2023.1085571

Yadav, N. et al.(2023). Data Privacy in Healthcare: In the Era of Artificial Intelligence. *Indian Dermatology Online Journal, 14*(6), pp.788~792. https://doi.org/10.4103/idoj.idoj_543_23

09
윤리적 고민과 AI 기술의 한계

AI의 도입은 편향성, 책임 소재, 투명성 등 윤리적 문제와 데이터 부족, 환각 현상, 일반화 한계 등 기술적 제약을 동반한다. 책임 있는 AI 사용, 규제, 의료진 교육 강화가 필수적이다.

AI와 기자?

인공지능은 의료 분야에 혁신을 가져왔지만, 그 이면에는 복잡한 윤리적 문제와 기술적 한계가 존재한다. AI의 잠재력을 온전히 실현하기 위해서는 이러한 그림자를 직시하고 해결책을 모색해야 한다. 이 장에서는 의료 AI가 직면한 주요 윤리적 딜레마와 기술적 제약을 살펴보고, 책임 있는 AI 사용을 위한 실질적인 가이드라인을 제시한다.

AI 의료의 주요 윤리적 문제

지난 10년간 딥러닝의 발전으로 AI는 의료 영상 해석, 임상 노트 및 방사선 보고서 생성, 정보 추출 등 의료 분야에서 상당한 발전을 이루었다. 그러나 인공지능의 의료 분야 도입은 혁신적인 잠재력과 함께, 정의와 공정성, 투명성, 환자 동의 및 기밀성, 책임성, 환자 중심 및 공평한 진료 등에서 심각한 윤리적 우려 사항을 야기한다(Weiner et al., 2025). 인공지능이 의료 산업에 통합될 때 발생하는 이점과 위험을 다룬 44개의 논문을 종합 분석한 연구 결과에 따르면, 의료 AI의 윤리적 문제 중 가장 많이 논의된 주제는 AI 알고리즘의 편향성(Bias)과 투명성 문제, 데이터 프라이버시(Privacy) 문제 및 안전 위험 등인 것으로 나타났다(Chustecki, 2024). 편향성은 AI 모델이 특정 집단에게 불리한 결과를 초래할 수 있다는 점에서, 그리고 프라이버시는 민감한 환자 정보의 유출 및 오용 가능성 때문에 가장 큰 우려를 낳고 있다.

AI 알고리즘의 편향성은 주로 훈련 데이터의 대표성 부족에서 비롯된다. 데이터가 특정 집단(예: 인종, 성별, 사회 경제적 지위 등) 위주로 수집되거나 일부 집단이 배제될 경우, AI는 해당 집단에 대해 부정확하거나 불공정한 예측을 내릴 수 있다(Mittermaier et al., 2023). 예를 들어, 유방암 예측 AI 알고리즘이 흑인 환자를 "저위험"으로 잘못 분류할 가능성이 더 높거나, 독일 환자 데이터로 훈련된 알고리즘이 미국 환자에게는 잘 작동하지 않을 수 있다. 편향은 데이터 수집/준비, 모델 개발, 모델 평가, 임상 환경 배포 등 AI 모델 개발의 모든 단계에서 발생할 수 있다. 예를 들어 AI 모델이 소외 계층에 대해 부정확하거나 불공정한 결과를 제공할 경우, 적절한 치료를 받지 못하거나 보험 심사 등에서 불이익을 받을 가능성이 높아진다.

AI가 방대한 환자 데이터를 활용함에 따라 민감한 건강 정보의 유출, 오남용, 동의 없는 2차 활용 등 프라이버시 침해 가능성이 크게 우려되고 있다(Chustecki, 2024). 특히 데이터의 익명화 한계, 보안 위협, 환자 동의 절차의 미비 등이 주요 쟁점으로 논의되고 있다. 2025년에 발표된 논문에서는 AI 모델 개발을 위한 건강 데이터의 2차 활용에서 환자 동의 절차가 복잡하고 미흡하다는 점을 강조했다(Moulaei et al., 2025). 환자들은 자신의 데이터가 어떻게, 어디에, 누구에 의해 사용되는지 명확히 알지 못하는 경우가 많으며, 동의 없이 데이터가 재활용되는 사례가 보고되고 있다. 이는 환자 신뢰 저하와 사회적 수용성 약화로 이어질 수 있다. 한편, AI가 활용하는 대규모 데이터는 익명화(비식별화) 기술로도 완전히 개인 식별을 막기 어렵고, 데이터 재식별 위험이 존재한다. 해킹, 내부자 유출, 데이터 거래 등 보안 위협도 꾸준히 증가하고 있다(Dankwa-Mullan, 2024).

의료 AI의 결정으로 오류나 환자에게 피해가 발생한 경우, 누가 법적 · 윤리적 책임을 져야 하는지(의료진, 개발자, 병원, 규제 기관 등)에 대한 명확한 기준이 아직 마련되어 있지 않다. 이는 특히 AI가 자율적으로 판단하거나 인간의 개입 없이 진단 · 치료를 수행하는 경우 더욱 복잡해진다. 최근 발표된 체계적 문헌 고찰에 따르면, "AI 관련 오류나 환자에게 피해가 발생했을 때 책임 소재 문제는 최근 몇 년간 주요 논의 대상이 되었으나, AI 공급망 내 다양한 주체(개발사, 의료진, 기관 등)에 대한 단일 ·

구체적 규정은 없는 상황이다(Cestonaro et al, 2023).

딥러닝(DL) 기반 AI 기술은 내부 작동 방식이 공개되지 않아 그 의사 결정 과정을 인간이 완전히 이해하기 어렵기 때문에 '블랙박스' 모델로 불린다. 일부 학자들은 의료 AI가 질병 진단에서 인간 의사를 능가하므로 안전성을 위해 설명 가능성이 필요 없다고 주장하지만, AI의 오진으로 인한 해악이 인간 의사의 오진보다 심각할 수 있다(Xu & Shuttleworth, 2024). 가령, 인간 의사는 질병 A 또는 B 사이에서 진단할 때 경험과 직관으로 올바른 판단을 내릴 수 있지만, AI 의사는 질병 A와 B 사이에서 오진하여 불필요한 절단(amputation)과 같은 훨씬 더 심각한 결과를 초래할 수 있다. 이는 AI의 정확도가 높더라도 그 오진의 '본질'이 인간과 다를 수 있다는 것을 보여준다. 의료 AI 시스템의 설명 불가능성은 환자가 충분한 정보를 받을 권리를 효과적으로 보장하지 못하게 하며, 이는 의사가 환자를 위해 의료 결정을 내리고 관련 정보를 공개하지 않는 '새로운 형태의 의료 가부장주의(New Medical Paternalism)'를 초래한다. AI는 환자의 가치(신념 체계, 행동 및 목표를 형성하는 요소)를 무시하고 전문적인 관점에서 치료를 제안하는 경향이 있는데, 이로 인해 환자의 자율성이 제한될 수 있다. 환자들은 의료 AI

시스템의 진단과 치료 권고를 신뢰하지 못하고, 오류 발생 시 책임 소재를 둘러싼 불신과 의심으로 심리적 부담이 가중된다.

2025년 캐나다의 AI 감시 목록 보고서에서도 AI 기술의 법적 책임(Liability)과 설명 책임(Accountability)에 대한 고려사항이 중요한 문제로 언급되었다(CADTH, 2025). 이 보고서는 2024년 11월, 캐나다 전역의 AI 전문가 및 관련 분야 인사들이 참여한 워크숍에서 합의된 내용을 바탕으로 작성되었으며, 주요 이슈 중 하나로 '법적 책임과 설명 책임'을 지목했다. 특히 의료 분야 AI에 대한 공공 및 민간 투자가 증가하고, AI가 전통적으로 인간의 인지 능력을 요구했던 업무를 대체하거나 보완하는 능력이 커짐에 따라, 오류 발생 시 책임 소재를 명확히 하는 것이 핵심 과제로 강조되었다. 책임 있는 AI 사용을 위해서는 AI 시스템과 그 의사 결정 방식에 대한 명확한 정보 제공이 필수적이며, 이는 AI 거버넌스의 핵심 원칙 중 하나로 강조된다(Editverse, 2025).

AI 의료 기술의 한계: 데이터 부족, 환각 현상, 일반화 능력

AI 의료 기술은 발전하고 있지만, 여전히 여러 기술적 한계를 가지고 있다. 데이터 부족 및 품질 문제는 AI 모델의 성능을 저해하는 주요 요인이다. AI, 특히 딥러닝 모델은 방대한 양의 고품질 데이터를 필요로 하는데, 의료 분야에서는 민감한 개인정보 특성상 데이터 수집 및 공유에 제약이 많다(윤덕용, 2019). 또한 데이터의 비표준화, 호환성 문제, 그리고 특정 인구 집단에 대한 데이터 부족은 AI 모델의 정확성과 일반화 능력을 떨어뜨릴 수 있다(박재현, 2025; 염현주, 2025).

환각(Hallucination) 현상은 AI, 특히 대규모 언어 모델(LLM)이 훈련 데이터나 실제 사실에 근거하지 않은, 그럴듯하지만 잘못된 정보를 자신감 있게 생성하는 문제다. 의료 분야에서 이러한 환각 현상은 잘못된 진단, 부적절한 치료 권고, 또는 잘못된 약물 용법 안내로 이어져 환자에게 심각한 해를 끼칠 수 있다(Huang et al., 2024). 세계보건기구(WHO)도 검증되지 않은 AI 조언을 의료 결정에 사용하는 것이 환자에게 해를 끼치고 AI에 대한 신뢰를 무너뜨릴 수 있다고 경고했다(WHO, 2023). 이는 AI가 생성하는 정보의 정확성과 신뢰성 부족이 환자의 안전을 위협하고, 궁극적으로 의료 시스템 내 AI 도입에 대한 전반적인 불신을 초래할 수 있음을 강조하는 것이다.

일반화 능력의 한계는 AI 모델이 훈련된 특정 데이터 세트나 환경에서는 잘 작동하지만, 새로운 데이터나 다양한 임상 환경에서는 성능이 저하될 수 있다는 문제다(Goetz et al., 2024). 이는 AI 모델이 훈련 과정에서 접하지 못한 새로운 유형의 데이터나 예측 불가능한 임상 환경에 직면할 경우, 기존 학습 내용을 효과적으로 적용하거나 스스로 출력을 조정하는 데 어려움을 겪을 수 있음을 의미한다. 가령, 생물학적 여성 데이터만으로 훈련된 유방암 예후 알고리즘은 생물학적 남성에게 일반화하는 데 어려움을 겪을 수 있다. AI는 정해진 학습 범위를 벗어나는 상황에서는 성능이 저하될 수 있으며, 이는 의료 현장에서의 광범위한 적용을 어렵게 만드는 중요한 기술적 한계로 작용한다.

책임 있는 인공지능 사용의 필요성과 가이드라인

2024년 12월 17일에 발표된 "초당적 하원 인공지능 태스크포스 보고서(Bipartisan House Task Force Report on Artificial Intelligence)"는 미국 AI 혁신을 위한 청사진으로, 특히 의료 분야에 대한 지침과 권고 사항을 제시하고 있다. 이 태스크포스는 2024년 2월에 구성되었으며, 수백 명의 AI 전문가를 인터뷰하여 15개의 장과 지침, 66

개의 주요 발견 사항, 89개의 권고 사항을 포함하는 보고서를 작성했다. 보고서에서는 점진적이고 근거 기반의 정책 수립 접근 방식, 의료 분야 AI의 잠재력, 정책 과제 등을 강조하면서 다음과 같은 사항을 권고했다(Crowell & Moring, 2025).

• 이해관계자 협력 및 고품질 데이터 접근을 통해 안전하고 투명하며 효과적인 AI 장려.

• AI 관련 의료 연구에 대한 강력한 지원 유지.

• 프라이버시 및 보안 개선을 위한 위험 관리 인센티브 창출.

• AI 기술에 대한 책임 기준 및 적절한 지불 메커니즘 개발 지원.

AI의 윤리적 문제와 기술적 한계를 극복하고 그 잠재력을 최대한 활용하기 위해서는 책임 있는 AI 사용이 필수적이며, 이를 위한 다양한 가이드라인과 프레임워크가 제시되고 있다.

첫째, '인간 중심의 AI' 접근 방식을 유지하는 것이 중요하다. AI는 환자, 의료진 등 인간의 필요와 가치에 부합하도록 설계 · 운영되어야 한다. 의료 전문가의 판단력과 전문성을 보완하고 인간의 경험과 직관이 필요한 의사 결정에서 AI에 전적으로 의존해서는 안 된다(Chen et al., 2023; AAMC, 2025). 의료 전문가는 AI의 결과를 비판적으로 평가하고 환자의 고유한 상황을 고려하여 의사 결정을 내려야 한다.

둘째, 윤리적이고 투명한 사용을 보장해야 한다. AI 시스템의 개발 및 배포 과정에서 책임성, 투명성, 공정성, 안전성, 보안성 등의 원칙을 통합해야 한다(Dilmegani, 2025). 이는 데이터 프라이버시 보호, 알고리즘 편향성 완화, 그리고 의사 결정 과정의 설명 가능성을 포함한다. WHO는 2024년 1월, 대규모 다중 모달 모델(LMM) 등 생성형 AI의 윤리 및 거버넌스에 대한 지침을 발표했다. 해당 지침은 "책임성, 투명성, 공정성, 안전성, 데이터 보호, 설명 책임"을 포함한 6대 원칙을 제시하며, 정부, 기업, 의료기관, 국제기구 등 모든 이해관계자가 AI의 윤리적이고 책임 있는 개발과 활용을 위해 거버넌스 체계를 마련해야 함을 강조했다(WHO, 2024).

셋째, 교육 및 훈련을 통해 의료진의 AI 역량을 강화해야 한다. 의료 전문가들은 AI 도구의 작동 방식과 한계를 이해하고, 비판적 사고 능력을 유지하며 AI를 효과적으로 통합할 수 있도록 교육을 받아야 한다(Lomis et al.,

2021; AAMC, 2025). 이는 AI 기술의 안전하고 효과적인 적용을 위한 필수적인 단계다.

넷째, 규제 및 거버넌스 프레임워크를 구축하고 강화해야 한다. 예를 들어 미국 식품의약국(FDA)은 AI/ML 의료기기 소프트웨어(SaMD)의 전체 생애주기(TPLC) 관리, 사전·사후 안전성 평가, 투명성, 편향성 완화, 변경 관리 계획(PCCP) 등 혁신과 안전성의 균형을 추구하는 규제 원칙을 명확히 제시하고 있으며, AI 의료기기의 혁신을 저해하지 않으면서도 환자 안전과 신뢰 확보를 위한 동적이고 유연한 규제 체계를 발전시키고 있다 (U.S. FDA, 2025). 유럽연합(EU)은 2024년 5월 AI를 포괄적으로 규제하는 법률(AI Act)을 최종 확정하여, 혁신과 안전의 균형을 위해 위험 수준에 따라 규제 강도를 달리하는 '위험 기반 접근법'을 채택하고 있다(Petrie-Flom Center, 2024). 이러한 규제는 AI 기술의 혁신을 저해하지 않으면서도 환자 안전과 사회적 책임을 담보하는 균형 잡힌 접근 방식을 요구한다.

참고문헌

박재현(2025.6.30). "[기획특집] 생성형 AI를 위한 데이터 전략의 포스트 스탠더드". 컴퓨터월드.

https://www.comworld.co.kr/news/articleView.html?idxno=51169
염현주(2025.4.10). “의료 혁신 이끈 AI, 인종·성별·소득 따른 ‘편향성’ 문제 지적도”. 바이오타임즈.
https://www.biotimes.co.kr/news/articleView.html?idxno=20780
윤덕용(2019). “보건의료 분야에서의 인공지능과 기계학습 활용 및 전망”. 건강보험심사평가원(HIRA).
AAMC(2025). Principles for Responsible AI in Medical School and Residency Selection.
https://www.aamc.org/media/82971/download?attachment
CADTH(2025). 2025 Watch List: Artificial Intelligence in Health Care: Health Technologies [Internet]. Ottawa(ON): Canadian Agency for Drugs and Technologies in Health; 2025 Mar. Available from:
https://www.ncbi.nlm.nih.gov/books/NBK613808/
Cestonaro, C. et al.(2023). Defining medical liability when artificial intelligence is applied on diagnostic algorithms: a systematic review. *Frontiers in medicine, 10*, 1305756.
https://doi.org/10.3389/fmed.2023.1305756
Chen, Y. et al.(2023). Human-Centered Design to Address Biases in Artificial Intelligence. *Journal of medical Internet research, 25*, e43251. https://doi.org/10.2196/43251
Chustecki, M.(2024). Benefits and Risks of AI in Health Care: Narrative Review. *Interactive Journal of Medical Research, 13*, e53616. https://doi.org/10.2196/53616
Crowell & Moring(2025.1.31). House Task Force on AI Issues Report and Proposes Healthcare Recommendations. Crowell.

https://www.cmhealthlaw.com/2025/01/house-task-force-on-ai-issues-report-and-proposes-healthcare-recommendations/

Dankwa-Mullan, I.(2024). Health Equity and Ethical Considerations in Using Artificial Intelligence in Public Health and Medicine. *Preventing chronic disease, 21*, 240245. http://dx.doi.org/10.5888/pcd21.240245

Dilmegani, C.(2025.6.25). Responsible AI: 4 Principles & Best Practices in 2025. AI Multiple. https://research.aimultiple.com/responsible-ai/

Editverse(2025). AI Governance Research Papers: 2025 Framework. https://editverse.com/ai-governance-research-papers-2025-framework/

Goetz, L. et al.(2024). Generalization—a key challenge for responsible AI in patient-facing clinical applications. *npj Digital Medicine, 7*(1), 126. https://doi.org/10.1038/s41746-024-01127-3

Huang, L. et al.(2024). A Survey on Hallucination in Large Language Models: Principles, Taxonomy, Challenges, and Open Questions. https://arxiv.org/pdf/2311.05232v2

Lomis, K. et al.(2021). Artificial Intelligence for Health Professions Educators. *NAM perspectives, 2021.* https://doi.org/10.31478/202109a

Mittermaier, M. et al.(2023). Bias in AI-based models for medical applications: challenges and mitigation strategies. *npj Digital Medicine, 6*(1), 113. https://doi.org/10.1038/s41746-023-00858-z

Moulaei, K. et al.(2025). Patient consent for the secondary use of health data in artificial intelligence (AI) models: A scoping review. *International journal of medical informatics, 198*, 105872. https://doi.org/10.1016/j.ijmedinf.2025.105872

Petrie-Flom Center(2024.5.20). From Regulation to Innovation: The Impact of the EU AI Act on XR and AI in Healthcare. Harvard Law School. https://petrieflom.law.harvard.edu/2024/05/20/from-regulation-to-innovation-the-impact-of-the-eu-ai-act-on-xr-and-ai-in-healthcare/

U.S. FDA(2025.3.25). Artificial Intelligence in Software as a Medical Device (SaMD). https://www.fda.gov/medical-devices/software-medical-device-samd/artificial-intelligence-and-machine-learning-software-medical-device

Weiner, E. B. et al.(2025). Ethical challenges and evolving strategies in the integration of artificial intelligence into clinical practice. *PLOS Digital Health, 4*(4), e0000810. https://doi.org/10.1371/journal.pdig.0000810

WHO(2023.5.16). WHO calls for safe and ethical AI for health. https://www.who.int/news/item/16-05-2023-who-calls-for-safe-and-ethical-ai-for-health

WHO(2024). Ethics and governance of artificial intelligence for health: Guidance on large multi-modal models. https://www.who.int/publications/i/item/9789240084759

Xu, H. & Shuttleworth, K. M. J.(2024). Medical artificial intelligence and the black box problem: a view based on the ethical principle of "do no harm". *Intelligent Medicine, 4*(1), pp.52~57. https://doi.org/10.1016/j.imed.2023.08.001

10
인공지능이 이끄는 의료 혁신의 미래

AI는 예방 중심 · 맞춤형 의료, 원격 진료, 디지털 헬스케어 확장 등 미래 의료 혁신을 이끈다. 의료진의 역할 변화와 인간 중심 진료의 중요성이 강조되는 가운데, AI는 글로벌 보건 문제 해결과 건강 불평등 해소에 핵심 역할을 할 전망이다.

AI와 미래 의사?

인공지능은 의료 시스템의 근본적인 변화를 이끌며, 질병 치료를 넘어 예방과 맞춤형 관리가 중심이 되는 미래를 제시한다. 원격 의료의 확장부터 의료진의 역할 재정립, 그리고 전 지구적 보건 문제 해결에 이르기까지, AI는 인류의 건강과 복지를 향상시키는 핵심 동력으로 자리매김하고 있다. 이제 AI가 그리는 의료 혁신의 청사진을 자세히 살펴보자.

예방 중심 의료 및 개인 맞춤형 의료로의 발전

인공지능은 미래 의료 시스템의 핵심 동력으로, 질병이 발생한 후에 치료하는 방식에서 벗어나 예방 중심의 개인 맞춤형 의료 시대를 열고 있다(Quillmore, 2025). 우리나라의 경우 정보통신기획평가원(IITP)은 2025년 AI 기반 맞춤형 케어서비스 R&D 사업의 신규 지원 대상 과제를 공고하고 기술 수요 조사도 실시했다(정보통기획평가원, 2025). 이를 통해 AI 기반으로 라이프로그, 전자의무기록, 마이크로바이옴 등의 정보를 복합적으로 활용해 질병 발생 가능성을 예측하고, 예방 대응이 가능한 전 국민 개인 맞춤형 건강관리 및 관련 연계 기능을 제공하는 서비스 개발을 지원할 계획이다.

AI는 환자의 유전체 데이터와 생체 신호를 실시간으로

분석하여 질병 위험을 사전에 예측하고, 개인에게 맞는 식단, 운동, 건강관리 방안을 제시하는 등 맞춤형 건강관리를 가능하게 한다(Topol, 2019; Boston Consulting Groug, 2025; 김도현, 2025). 이러한 초개인화된 접근 방식은 만성 질환 관리에서 특히 큰 효과를 보이며, 응급 병원 방문을 줄이고 환자의 삶의 질을 향상시키는 데 기여한다.

AI 기반 유전체 분석은 특히 암 치료 분야에서 정밀의학(precision medicine)을 강화하고 복잡한 유전적 변이를 식별하는 데 핵심적인 역할을 수행하고 있다(O'Connor & McVeigh, 2025). 최근 유전체 분석 기술과 빅데이터 처리 인공지능(AI) 기술이 급속히 발전하면서, 전 세계적으로 국가 단위의 대규모 유전체 프로젝트가 활발히 진행되고 있다. 예를 들어, 영국의 UK Biobank 프로젝트와 미국의 All of Us 프로젝트는 국가 차원의 사업을 통해 방대한 양의 유전체 데이터와 임상 정보 및 시료를 확보하고 있다(전연수, 2025). 미국 국립암연구소(NCI)는 AI를 활용해 환자 개개인의 종양 유전체 데이터를 분석하고, 특정 유전자 변이에 가장 효과적인 표적 항암제를 추천하는 시스템을 개발하여 임상 적용을 확대하고 있다(NIH Record, 2024).

이와 같은 글로벌 연구 흐름에 동참하기 위해 우리나라에서 추진 중인 '국가 통합 바이오 빅데이터 구축 사업'에서는 한국생명공학연구원과 국가생명연구자원정보센터(KOBIC)가 대규모 유전체 및 오믹스 정보 생산 및 분석을 담당하고 있다. 한국생명공학연구원과 국가생명연구자원정보센터가 구축하고 있는 AI 기반 유전체 빅데이터 플랫폼은 한국인 특이 유전 변이와 질병 간의 상관관계를 분석하고 개인별 질병 위험도 예측 및 맞춤형 건강관리 서비스를 제공하는 허브 역할을 수행할 것으로 기대된다(박성진, 2025).

원격 의료와 디지털 헬스케어의 확장

AI는 원격 의료와 디지털 헬스케어의 확장을 가속화하며 의료 서비스의 접근성과 효율성을 높이고 있다. 2025년의 주요 원격 의료 트렌드에는 AI의 통합 증가, 유연한 하이브리드 진료 모델, 원격 모니터링 기술 발전, 그리고 원격 정신과 서비스 개선이 포함된다(Marley, 2025). COVID-19 팬데믹은 원격 의료로의 전환을 가속화했으며, AI 기반 도구, 웨어러블 기기, 사이버 보안 조치, 전자건강기록(EHR) 등의 기술 발전은 가상 진료의 효율성을 크게 향상시켰다(Bestsennyy et al., 2021).

AI 기반 진단 도구와 예측 분석은 더욱 정교해져 의료 제공자가 더 많은 정보에 입각해 의사 결정을 하고 환자에게 더욱 개인화된 가상 진료를 제공할 수 있도록 할 것이다(Patentskart, 2025; Themexpert, 2025). 스마트 임플란트와 웨어러블 기술은 실시간 환자 데이터를 제공하며, 이는 유전체 및 라이프스타일 정보와 결합되어 정밀 진단 및 치료를 가능하게 하여 종종 가정에서 이루어질 수 있도록 할 것이다(Boston Consulting Group, 2025). 이는 의료 서비스의 지리적 장벽을 허물고, 의료 인력 부족 문제를 완화하며, 특히 의료 접근성이 낮은 지역의 환자들에게 큰 이점을 제공할 것이다(World Economic Forum, 2025a). 미국에서는 원격 환자 모니터링(RPM) 시스템에 AI를 통합하여 만성 질환자의 상태 변화를 실시간으로 감지하고, 이상 징후 발생 시 의료진에게 자동 알림을 보내는 서비스가 확산되고 있다(IntuitionLabs, 2025). 2025년 주요 병원들의 사례를 보면, 메이요 클리닉의 AI 기반 원격 모니터링 시스템은 지속적인 활력 징후 분석 및 개인 맞춤형 기준선을 활용하여 병원 재입원율을 40% 감소시켰고, 클리블랜드 클리닉의 가상 분류 시스템은 머신러닝 알고리즘과 전자건강기록(EHR)과의 원활한 통합을 통해 94%의 진단 정확도를 자랑하며 진료를 가속화했다(Rafalski, 2025). 존스 홉킨스 병원은 만성질환 관리를 위한 정교한 AI 기반 원격 의료 시스템을 개발했으며, 마운트 시나이 병원은 AI를 통해 정신 건강 서비스에서 진전을 이루었다. AI 기반 원격 모니터링은 상당한 비용 절감을 가져오며, AI 문서화 도구를 통해 의료진은 매일 최대 2시간을 절약하는 등 효율성이 크게 향상되고 있다. 80% 이상의 환자가 긍정적인 경험을 보고하는 등 환자 만족도 또한 지속적으로 높게 나타났다.

국내에서는 보건복지부가 'AI · IoT 기반 어르신 건강관리 시범 사업'이나 '국민건강 스마트관리 연구 개발 사업', '스마트 사회 서비스 시범 사업(2025)' 등을 통해 AI 챗봇 기반의 비대면 건강 상담을 제공하고, 웨어러블 기기 데이터를 활용한 만성 질환자 원격 모니터링을 지원하며 디지털 헬스케어의 접근성을 높이고 있다(보건복지부, 2025; 한국건강증진개발원, 2025).

의료진 역할 변화와 인간 중심 진료의 중요성

AI의 발전은 의료진의 역할을 변화시키고 있지만, 인간 중심 진료의 중요성은 더욱 강조되고 있다. AI는 의료 전문가를 대체하는 것이 아니라 그들의 역량을 강화하고 업무 효율성을 높이는 도구로 기능해야 한다. AI는 의료 기록 작성, 환자 데이터 추출, 예약 관리 등 반복적이고 행정적인 업무를 자동화하여 의료진이 환자 진료와 인간적인 상호작용에 더 많은 시간을 할애할 수 있도록 돕는다(Davenport & Kalakota, 2019; Malhotra, n.d.; WHO, 2024).

최근 의료 기관들은 AI를 데이터 처리, 워크플로 자동화, 환자 아웃리치 지원에 점진적으로 도입하여 AI에 대한 신뢰와 확신을 구축하고 있다(Southwick, 2025). 특히 AI 기반 임상 의사 결정 지원 시스템(AI-CDSS)은 환자 기록, 실시간 데이터, 의료 영상, 유전체 정보, 최신 임상 가이드라인 등 다양한 데이터를 통합 분석하여, 의료진에게 근거 기반의 진단 · 치료 권고, 위험 예측, 약물 상호작용 경고, 맞춤형 치료 옵션 등을 제공하고 있다(Benz, 2025). 실제로 Mayo Clinic, Penn Medicine, University of Cambridge 등 주요 의료기관에서는 AI 기반 CDSS가 진단 정확도 향상, 조기 위험 예측, 치료 계획 최적화, 의료진 번아웃 감소 등 다양한 임상적 · 운영상 효과를 거두고 있다. 국내에서는 서울아산병원 등 주요 상급 종합병원에서 AI 기반 음성 인식 기술을 활용한 전자의무기록(EMR) 자동 기록 시스템을 도입하여 의료진의 문서화 부담을 줄이고 환자 대면 시간을 늘리고 있다(서울아산병원, 2025). 그러나 이러한 변화에서 간과하지 말아야 할 점은 AI가 임상 의사 결정을 지원하고, 진단 정확도를 높이며, 치료 반응을 예측하는 데 기여할 수 있지만, 최종적인 의사 결정은 항상 의료 전문가의 비판적 판단과 인간적 통찰력에 기반해야 한다는 것이다.

공중보건 분야에서 AI의 장기적인 역할 및 글로벌 보건 문제 해결

AI는 공중보건 분야에서 장기적으로 글로벌 보건 문제 해결에 필수적인 역할을 수행할 것이다. AI는 전 세계 45억 명의 사람들이 필수 의료 서비스에 접근하지 못하는 현실과 2030년까지 예상되는 1100만 명의 보건 인력 부족 문제를 해결하는 데 기여할 잠재력을 가지고 있다(World Economic Forum, 2025b; Ukmalayalee, 2025). AI 기반 의료는 선진국뿐만 아니라 저소득 국가에서도 중요한 역할을 할 수 있으며, 지리적 · 경제적 장벽을 넘어 고품질 의료 서비스를 제공하고, 조기 질병 발견, 맞춤형 치료, 환자 데이터 분석 등 다양한 방식으로 의료 접근성을 높이고 있다(World Economic Forum, 2024). 실제 적용 사례로, 인도에서는 AI가 당뇨망막병증 조기 진단에 사용되어, 전문 의료진이 부족한 지역에서도 실명 예방 효과를 거두고 있고, 르완다에서는 AI 기반 드론이 의료 물품을 오지에 신속하게 전달해 의료 접근성을 크게 개선했다(Dieu, 2024).

AI는 질병 감시 및 조기 경보 시스템을 강화하여 전염병 발생을 예측하고 통제하는 데 도움을 줄 것이며, 신약 및 백신 개발 과정을 가속화하여 글로벌 보건 위협에 대한 대응 능력을 향상시킬 것이다. 예를 들어 세계보건기구(WHO)는 AI 기반의 글로벌 감염병 감시 네트워크 구축을 추진하며, 각국의 질병 발생 데이터를 실시간으로 통합 분석하여 새로운 팬데믹의 조기 감지 및 확산 예측에 AI를 활용할 계획이다(World Health Organization, 2025).

또한 AI는 의료 자원 배분을 최적화하고, 공중보건 정책의 효과를 시뮬레이션하며, 건강 불평등을 해소하는 데 중요한 통찰력을 제공할 것이다. 특히 AI는 기후 데이터, 환경 센서, 건강 기록 등을 통합 분석해 폭염, 홍수, 대기오염, 수인성 감염병 등 기후 변화로 인한 건강 위험을 예측하고, 조기 경보 및 대응 전략 수립에 활용되고 있다(Shavit, 2024). 예를 들어 인도네시아, 미국, 유럽 등에서는 AI 기반 플랫폼이 폭염 위험 지도, 감염병 조기 경보, 취약 인구군 예측 등 다양한 기후-건강 연계 대응에 실제 적용되고 있으며, 이는 최근 전 세계적인 주요 공중보건 의제로 부상하고 있다.

그러나 AI의 잠재력을 완전히 실현하기 위해서는 데이터 접근성, 품질, 편향성, 그리고 윤리적 고려사항에 대한 지속적인 노력이 필요하다. 각국은 AI 기반 의료 기술을 평가하고 활용할 수 있는 역량을 갖추고, 기술적 발전과 윤리적 책임 간의 균형을 유지해야 한다. 궁극적으로 AI는 인류의 건강과 복지를 향상시키고, 보다 공평하고 효율적인 글로벌 보건 시스템을 구축하는 데 중추적인 역할을 할 것으로 기대된다.

참고문헌

김도현(2025). "글로벌 디지털 헬스케어 트렌드". 《과학기술 & ICT 정책기술 동향》. 한국과학기술기획평가원(KISTEP). https://www.kistep.re.kr/gpsBoardDownload.es?board_se=issue&list_no=49142&seq=1

박성진(2025.4.10). "AI가 디자인한 유전자 편집기: 미래의료의 핵심 플랫폼". 《KOBICian's Story》, 49. https://vnd.kobic.re.kr/kobic/notiact/kobicians/go_detail?id=101

보건복지부(2025). "2025년도 스마트 사회서비스 시범사업 공고". https://www.mohw.go.kr/board.es?mid=a10501010000&bid=0003&list_no=1485327&act=view

서울아산병원(2025.4.2). "의료진·환자 대화 요약해 의무기록 자동 저장… 국내 최초 AI 음성인식 시스템 구축". 서울아산병원 뉴스룸.
https://news.amc.seoul.kr/news/con/detail.do?cntId=10524

전연수(2025.4.6). "대규모 유전체 분석과 배치 효과(batch effect)". 《KOBICian's Story》, 48.
https://www.kobic.re.kr/kobic/notiact/kobicians/go_detail?id=99

정보통신기획평가원(2025.2.21.). "2025년 '(의료) AI기반 맞춤형 케어서비스 기술개발' 신규과제 기획을 위한 기술수요조사 안내". 정보통신기획평가원 공지사항.
https://www.iitp.kr/kr/1/notice/notify/view.it?ArticleIdx=7199&count=true

한국건강증진개발원. "국민건강 스마트관리 연구개발사업".
https://www.khepi.or.kr/board?menuId=MENU01667&siteId=null-

Benz, M.(2025). The Future of Healthcare: AI-Powered Clinical Decision Support Tools. MedicalResearch.com.
https://medicalresearch.com/the-future-of-healthcare-ai-powered-clinical-decision-support-tools/

Bestsennyy, O. et al.(2021.7.9). Telehealth: A quarter-trillion-dollar post-COVID-19 reality?. McKinsey & Company.
https://www.mckinsey.com/industries/healthcare/our-insights/telehealth-a-quarter-trillion-dollar-post-covid-19-reality

Boston Consulting Group(2025.1). How Digital and AI Will Reshape Health Care in 2025.
https://www.bcg.com/publications/2025/digital-ai-solutio

ns-reshape-health-care-2025
Davenport, T. & Kalakota, R.(2019). The potential for artificial intelligence in healthcare. *Future Healthcare Journal, 6*(2), pp.94~98. https://doi.org/10.7861/futurehosp.6-2-94
Dieu, L. C.(2024). How AI Helps Doctors in Developing Countries. Smartdev. https://smartdev.com/how-ai-helps-doctors-in-developing-countries/
IntuitionLabs(2025.4.27). Remote Patient Monitoring in the United States: 2025 Landscape Report. https://intuitionlabs.ai/articles/remote-patient-monitoring-united-states-2025-landscape
Malhotra, R.(n.d.). How Automation is Powering the Future of the Healthcare Industry?. ValueCoders. https://www.valuecoders.com/blog/industries/the-role-of-ai-automation-in-healthcare-industry/
Marley, R.(2025.2.12). Top telehealth trends for 2025. Healthcare Transformers. https://healthcaretransformers.com/digital-health/current-trends/top-telehealth-trends-2025/
NIH Record(2024.5.10). NIH Researchers Develop AI Tool Toward More Targeted Cancer Treatment. *National Cancer Institute of health, 76*(10). https://nihrecord.nih.gov/2024/05/10/nih-researchers-develop-ai-tool-toward-more-targeted-cancer-treatment
O'Connor, O. & McVeigh, T. P.(2025). Increasing use of artificial intelligence in genomic medicine for cancer care- the promise and potential pitfalls. *BJC Reports, 3*, 20. https://doi.org/10.1038/s44276-025-00135-4

Patentskart(2025). What Is AI in Telemedicine and Why Does It Matter in 2025?. https://patentskart.com/what-is-ai-in-telemedicine-and-why-does-it-matter-in-2025/

Quillmore, J.(2025.3.5). AI-Powered Healthcare: Trends and Insights for 2025. Momen Blog. https://momen.app/blogs/ai-for-healthcare-trends-2025/

Rafalski, K.(2025.4.30). AI in Telehealth: Results from Top Hospitals in 2025. Netguru. https://www.netguru.com/blog/ai-in-telehealth

Shavit, J.(2024). Artificial intelligence can predict the weather and human health. The Brighter Side of News. https://www.thebrighterside.news/post/artificial-intelligence-can-predict-the-weather-and-human-health/

Southwick, R.(2025.1.2). AI in healthcare: What to expect in 2025. Chief Healthcare Executive. https://www.chiefhealthcareexecutive.com/view/ai-in-healthcare-what-to-expect-in-2025

Themexpert(2025). Top 5 AI Tools in Healthcare for 2025: Revolutionizing Patient Care and Medical Operations. https://www.themexpert.com/blog/top-ai-tools-in-healthcare

Topol, E. J.(2019). High-performance medicine: the convergence of human and artificial intelligence. *Nature Medicine, 25*(1), pp.44~56. https://doi.org/10.1038/s41591-018-0300-7

Ukmalayalee(2025.6.5). World is projected to face shortage of 11 million health workers by 2030: WHO Report. https://ukmalayalee.com/featured/world-is-projected-to-face-shortage-of-11-million-health-workers-by-2030-

who-report/

World Economic Forum(2024). Why AI has a greater healthcare impact in emerging markets. https://www.weforum.org/stories/2024/06/ai-healthcare-emerging-markets/

World Economic Forum(2025a). The Future of AI-Enabled Health: Leading the Way. White Paper.

World Economic Forum(2025b). 7 ways AI is transforming healthcare. https://www.weforum.org/stories/2025/03/ai-transforming-global-health/

WHO(2024). *Ethics and governance of artificial intelligence for health: Guidance on large multi-modal models.* https://www.who.int/publications/i/item/9789240084759

WHO(2025). The WHO Hub in Berlin: driving innovation to make the world safer from health threats. https://www.who.int/news/item/17-06-2025-the-who-hub-in-berlin-driving-innovation-to-make-the-world-safer-from-health-threats

배성윤

인제대학교 경영학과 교수다. 미국 듀크대학교에서 MBA 학위를 받았고, 서울대학교 보건대학원에서 보건학 석사와 박사 학위를 받았다. 건강보험심사평가원에서 건강보험정책 수립과 의료기술평가를 담당했으며, 존슨앤드존슨 미국 본사와 한국법인에서 의료 기기의 경제성 평가 및 보험 전략 담당 매니저로 근무했다. 보건복지부, 과학기술정보통신부 등 중앙정부와 지방자치단체 정책 자문, 라오스 국립의대병원 운영 컨설팅, 엘살바도르 보건전문인력 디지털전환 역량 강화 등 개발도상국을 위한 공적개발원조(ODA) 사업에 활발히 참여하고 있다. 주요 저역서로 《파괴적 의료혁신》(2010), 《대학생과 실무자를 위한 의료경영론》(2010), 《국제의료관광(상)》(2014), 《국제의료관광(하)》(2015) 등이 있다.